La Guerra

España 1936-1939

Historia de la Fotografía

Ramón Guerra de la Vega

Trabajos de investigación histórica iniciados en el año 1974

Edición para la docencia e investigación, acogida al Real Decreto Legislativo 1/ 1996, de 12 de abril, por el que se aprueba el texto refundido de la Ley de Propiedad Intelectual. En esta obra propia se incluyen obras aisladas de carácter plástico, fotográfico o análogo, ya divulgadas, y su inclusión se realiza a título de cita o para su análisis metodológico, comentario histórico o juicio crítico. Su utilización se realiza para fines docentes y de investigación histórica y, siempre que los datos son conocidos, se cita la fuente y el nombre del autor de la obra analizada. Esta edición se realiza para registrar la propiedad intelectual de la idea, los textos y el diseño gráfico de la maquetación, por parte del autor, y hacer viable la presentación de estos trabajos de investigación histórica a todos aquellos premios promovidos y convocados periódicamente por los Departamentos Docentes y Culturales de Ayuntamientos, Comunidades Autónomas y Ministerios de ámbito estatal, así como Fundaciones dedicadas a la promoción de la cultura española y europea. Todas aquellas empresas privadas, organismos estatales, autonómicos o municipales que estén interesados en la Historia de la Cultura en España y en la educación de nuestros hijos y que decidan subvencionar, en todo o en parte, estos trabajos de investigación, dirigidos a profundizar en el conocimiento de nuestras raíces culturales e históricas, deben ponerse en contacto con el autor de las mismas, para concretar las ayudas económicas que tengan a bien conceder. La mayor parte de las fotografías, tarjetas postales, folletos, revistas, diarios y documentos pertenecen al archivo histórico del autor. La Presidencia de la Comunidad, a través de una carta dirigida al autor, reitera su agradecimiento, apoyo moral y felicitaciones por estos trabajos de investigación sobre el Patrimonio Histórico...."

Depósito Legal: M-35.157-2011

I.S.B.N. de este Tomo: **978-84-88271-32-7**

I.S.B.N. de la colección: 978-84-88271-22-8

Impreso y editado en la Comunidad Europea

Índice

a mi padre y a todos los fotógrafos anónimos que arriesgaron su vida para dejar constancia de la tragedia de nuestra Guerra Civil

Franco, el general más joven

El general más joven de la historia española, Francisco Franco, se encontraba destinado en Canarias, ya que el gobierno republicano había intentado alejarle lo más posible de la Península. Se le temía más que a ningún otro militar, por su capacidad de mando y organización, a la hora de un posible golpe de Estado.

El gobierno del Frente Popular pensaba que sus posibilidades de maniobra eran mínimas, sin saber que las fuerzas monárquicas habían puesto a su servicio un avión privado inglés, el *Dragon Rapide*, para que pudiera trasladarse de incógnito hasta Marruecos y tomar el mando de las tropas allí situadas, tanto de la Legión como de los miles de soldados marroquíes, que integraban una temible fuerza de choque, que sería decisiva en las victorias franquistas de la Guerra Civil.

Ya en el mes de marzo de 1936 se habían reunido en Madrid los generales golpistas, entre ellos Franco, Mola, Varela y Fanjul, para establecer las bases de la acción definitiva contra el gobierno republicano del Frente Popular, surgido tras la victoria izquierdista en las elecciones de febrero de 1936.

El general Mola, que firmaba sus órdenes en la conspiración como *El Director*, estaba destinado en Navarra, desde donde podía contactar con las fuerzas carlistas, muy bien organizadas, y disponer de sus milicias armadas, nacidas en el siglo XIX para oponerse por la fuerza a cualquier liberalismo.

El Frente Popular tenía muchos enemigos poderosos, entre los que se encontraban la Iglesia, el Ejército, la aristocracia terrateniente y las juventudes fascistas, integradas en *Falange Española de las Jons*, surgida de la fusión en 1934 de la *Falange* de José Antonio Primo de Rivera, fundada en 1933, y las *Juntas de Ofensiva Nacional Sindicalista*, creadas por Ramiro Ledesma y Onésimo Redondo en 1931, como organización nacionalsocialista (nazi), inspirada en el fascismo italiano.

El general Mola planificó con detalle el golpe de Estado, designando a los generales que debían tomar el mando de cada Capitanía General, el día del Alzamiento contra el gobierno de la República. Poco a poco se unieron a la conspiración los generales Goded, Cabanellas, Saliquet, Kindelán y Queipo de Llano, que sería decisivo a la hora de tomar el control de la ciudad de Sevilla.

Tan sólo faltaba decidir el día del golpe de Estado, que sería adelantado por el asesinato de Calvo Sotelo.

Mola había encargado a Franco que se hiciese cargo de los 40.000 militares de Marruecos, que representaban una cuarta parte del ejército español y eran, además, los más preparados y con mejor armamento.

El principal problema para los golpistas era que al mando de las tropas africanas estaban los generales Gómez Morato y Romerales, leales a la legalidad institucional, y habría que detenerlos y fusilarlos.

Disponía Franco del avión *Dragon Rapide*, para alcanzar Marruecos desde Canarias, después de haber enviado a su esposa y a su hija al extranjero, para protegerlas de posibles represalias.

Franco había declarado el estado de guerra en Canarias, antes de iniciar el vuelo a Marruecos, en un largo viaje de dieciocho horas. Decidió pernoctar en Casablanca el 18 de julio, para aterrizar en Tetuán al día siguiente, cuando la situación militar estaba claramente decantada a favor de los rebeldes, gracias a la acción decidida de jefes militares como el coronel Yagüe, que consolidó el control militar en Ceuta, enclave puesto a disposición de Franco el 19 de julio de 1936.

El general Francisco Franco, acompañado por el coronel Juan Yagüe, encargado de la rebelión en Ceuta.

5

Francisco
Franco

Preparación militar del Alzamiento

Justo un mes antes del Alzamiento se reúne en Tenerife un número muy elevado de altos mandos militares, con ocasión de unas maniobras. Los generales tantean el terreno para una posible rebelión contra el gobierno izquierdista del Frente Popular, surgido tras la victoria en las elecciones de febrero de 1936.

Melilla: "...el día 17 a las 17"

En la mañana del día 17 de julio de 1936
el edificio de la Comisión de Límites, en la
vieja Alcazaba de Melilla, se convierte en
cuartel general del Alzamiento.
Al frente de los militares rebeldes está el
teniente coronel Juan Seguí, que se enfrenta,
pistola en mano, al general Romerales, fiel al
gobierno,
quien es
detenido
y
posterior-
mente
fusilado.
Melilla es la primera ciudad que
pierde la República.

Yagüe, transmitiendo órdenes del general Mola, llama por teléfono a sus compañeros rebeldes de Melilla, para comunicarles el siguiente mensaje: "el 17 a las 17...", cuyo significado en clave es que el Alzamiento comenzará en Melilla el 17 de julio a las 17 horas, que es el momento de la tarde en el que los altos mandos se retiran de los cuarteles.

Ceuta, la llave del Estrecho

En Ceuta encuentra menos dificultades el Alzamiento que en Melilla. El coronel Yagüe tenía prevista la toma de la ciudad con mucha antelación y, en cuanto recibe la orden, sitúa las ametralladoras en los lugares previstos. Con el toque de generala, a las once de la noche del día 17 de julio, basta para que las tropas rebeldes tomen las calles.

El delegado del Gobierno, Ruiz Flores, quien se opone a la rebelión, es arrestado.

Los primeros cazas republicanos

El de la fotografía es un caza Nieuport 52, que se fabricaba en España desde 1929.

Cuando comenzó la Guerra Civil, en nuestro país había 360 aviones en servicio, de los cuales 300 eran monomotores, siendo la mitad de éstos los Breguet-XIX, una cuarta parte los Nieuport Ni-52 y el cuarto restante, aviones de la Aeronaútica Naval.

Entre los bimotores y trimotores destacaban los Fokker F-VII y los Douglas Dc-2.

Las tres cuartas partes de los aviones quedaron en el lado de la República y una cuarta parte en poder de los militares alzados contra el gobierno republicano del Frente Popular.

El Nieuport tenía una velocidad de 260 km por hora y un techo máximo de 8.000 metros. El "mosca" soviético le duplicaría la velocidad, llegando a los 460 km por hora. Cuando se inicia la guerra Franco no tenía ningún caza, aunque pronto dispuso de varios. El primero, por un error al aterrizar en Granada, otro que se pasó de Madrid a Burgos y algunos más que se repararon en el aeródromo de Sevilla.

El Nieuport de la fotografía era un avión más

propio de la Primera Guerra Mundial, que pronto quedaría superado por modelos modernos, como el Fiat CR-32, conocido por los españoles con el apodo de "chirri".
El fotógrafo Ramón tomó esta fotografía en los alrededores de Bailén, donde unos operarios republicanos procedían a la reparación y mantenimiento de estos antiguos cazas.
Los Nieuport se fabricaban con patente francesa en Guadalajara, en una factoría de la legendaria empresa española Hispano-Suiza, desde el año 1929.

Sus primeras estructuras eran de madera, para pasar luego a utilizar el aluminio. Los motores eran de la misma empresa Hispano Suiza y las ametralladoras que portaba eran dos Vickers.
Tan difícil era de pilotar que muchos aparatos sufrieron graves accidentes. Pronto quedaron obsoletos ante los cazas italianos Fiat Cr 32, enviados por Mussolini y los Heinkel He 51 proporcionados por Hitler.
Los Nieuport fueron utilizados por la República en el ataque a los italianos en retirada, durante la batalla de Guadalajara.

Llegan a Marruecos los aviones de Hitler y Mussolini

Pronto Mussolini envía aviones, como éste de la fotografía, a Melilla para apoyar con el mejor armamento de la época al ejército de Franco. Son los primeros cazas Fiat CR (conocidos como *chirris* por la pronunciación de los pilotos italianos).

Todas las guarniciones militares de la zona de Melilla se dirigen a esta ciudad el día 18 de julio de 1936. Son las de Dar Drius Tauima, Segangan y Nador. Se aglutina un formidable ejército formado por los Regulares de Melilla, con el teniente coronel Barrón y el comandante Rodrigo en cabeza; los Regulares de Alhucemas, mandados por el teniente coronel Delgado Serrano y el comandante marroquí Mohamed Mizziam; la primera Legión, a las órdenes del comandante Carbonell; las mehalas de Tafersit y el resto de las guarniciones cercanas a Melilla.

A las órdenes de Solans, se forma la primera junta de autoridades con el teniente coronel Seguí como jefe de Estado Mayor, el teniente coronel Gazapo al frente del Servicio de información y el comandante Zanón y el capitán Medrano dirigiendo la Sección de Operaciones.

Todos ellos redactan un telegrama dirigido a Franco, que está en Canarias, diciendo: "Este ejército, levantado en armas, se ha apoderado en la tarde de hoy de todos los resortes del mando en este territorio. La tranquilidad es absoluta. ¡Viva España! *firmado coronel Solans*.

Franco llega a Gando en una lancha motora para evitar ser detectado por las autoridades canarias, se quita el bigote, viste un traje de luto de paisano y lleva un sombrero con el ala bajada para cubrir su cabeza. La contraseña consiste en entregar la mitad de un naipe que coincida con la otra mitad. Franco lleva un pasaporte falso a nombre de José Antonio Sangróniz y el avión *Dragon Rapide* sale por fin hacia Tetuán. Tenía entonces cuarenta y tres años y había permanecido cauteloso ante los preparativos del Alzamiento, para evitar que las autoridades republicanas, informadas por un posible chivatazo, pudieran controlarle aún más. En pleno vuelo Franco se cambia el traje de paisano por el militar con faja de general. En Tetuán le espera el comandante Sáenz de Buruaga, hombre de toda confianza.

Nada más descender del aparato coge un lápiz y le apunta a Bolín, el espía que le había conseguido

el avión en Inglaterra, los cazas, bombarderos y bombas que debe comprar en el extranjero, para iniciar la guerra contra el gobierno republicano.

Gracias a la intermediación de Johannes Bernhardt, hombre de negocios alemán, consigue que Hitler envíe de inmediato veinte aviones de transporte *Junkers JU 52,* para el traslado de las tropas moras y la Legión a la Península.

Mussolini envía doce cazas Fiat CR 32, como el la fotografía, para atacar a los buques republicanos que vigilan el estrecho de Gibraltar, impidiendo el traslado por mar de las tropas de Franco situadas aún en Marruecos.

julio 1936

15

julio 1936

Las tropas marroquíes vuelan a Sevilla

Hitler envía veinte aviones de transporte modelo "Junker JU 52", como el de la fotografía, para ayudar al traslado de los legionarios y marroquíes integrados en el ejército de África, compuesto por 40.000 hombres bien entrenados y armados, los más aguerridos con que cuenta Franco en ese momento. También Mussolini envía aviones de transporte y bombardeo, tipo "Savoia". Gracias a esta ayuda aérea llegan a la Península 500 hombres diarios, en un formidable puente aéreo que va a durar más de dos meses.

17

Franco envía a Berlín a Johannes Bernhardt,
representante nazi de varias empresas
alemanas en Marruecos. Bernhardt se
entrevista con Hitler en Bayreuth y le
convence para que envíe a Tetuán varios
aviones de transporte Junkers Ju 52 y cazas
Heinkel He 51.
El dispositivo recibe el nombre clave de
"Operación Fuego Mágico".
Goering, como jefe de la Luftwaffe, la Fuerza
Aérea alemana, dirige el entramado y crea
una empresa comercial, llamada HISMA
(Compañía Hispano Marroquí de transportes
Tetuán- Sevilla), que será la encargada de
cobrar la ayuda militar de Hitler con acciones
de empresas mineras españolas, en las zonas
controladas por Franco.

Han luchado por un mísero sueldo contra sus propios hermanos en Marruecos, para mantener el poder de España en el norte de África. Ahora sus enemigos van a ser los soldados españoles de la República, los rusos y los voluntarios de las Brigadas Internacionales, sobre todo franceses, ingleses y norteamericanos, muchos de ellos judíos.

julio 1936

Temibles fuerzas de choque

De África llegarán los vencedores

El contingente marroquí va llegando a Sevilla en avión, ya que la Marina republicana vigila el estrecho de Gibraltar.

El 25 de julio de 1936, tras la llegada de los primeros regulares, nombre con el que se conoce a los soldados marroquíes, a Sevilla, el general Queipo de Llano consigue la victoria en la capital andaluza, después de una cruel matanza en el barrio de San Julián.

El gobierno de la República reacciona al Alzamiento como buenamente puede. Ordena a todos los buques de la Armada que partan de sus puertos hacia los distintos lugares de la costa donde puedan ayudar a sofocar la rebelión militar derechista.

El *Jaime I*, los cruceros *Libertad*, *Miguel de Cervantes* y *Méndez Núñez*, y la mayoría de los destructores, como el *Churruca*, obedecen al gobierno y salen a la mar.

Sin embargo surge pronto el caos, ya que se amotinan los marineros al comprobar que los oficiales tienen intención de pasarse al bando franquista.

Desde el 18 de julio al 30 de agosto de 1936, los marineros asesinan a 255 almirantes, jefes y oficiales del Cuerpo General de la Armada en situación de activo.

La base naval de Cartagena permanece leal a la República, mientras que las bases de El Ferrol y Cádiz pasan a poder de los rebeldes. De todos los buques de guerra existentes en julio del 36, cincuenta y uno quedan en el lado republicano y veintisiete en el nacional.

Franco sólo puede contar con seis buques de tamaño medio: el crucero *Almirante Cervera*, el destructor *Velasco* y los cuatro cañoneros *Dato*, *Cánovas del Castillo*, *Canalejas* y *Lauria*. Los cruceros *Canarias* y *Baleares* están aún en construcción.

El general Franco necesita urgentemente algunos barcos de guerra y, aprovechando que el crucero *Canarias* está muy avanzado, da órdenes de terminarlo con máxima urgencia.

Se realizan todo tipo de componendas para dotarle de armamento: se le adapta una de las direcciones de tiro terrestre de la artillería de costa, existentes en la base de El Ferrol, y se le acopla un giróscopo de puntería comprado en Portugal. La defensa antisubmarina se le colocará más tarde en Cádiz.

Para hacer posible las primeras salidas del *Canarias* se instalan provisionalmente unos cañones muy viejos de 101,6 mm, originarios del *España*, y algunas piezas Nordenfelt de 57 mm provenientes del desguace de las antiguas fragatas *Numancia* y *Victoria*.

No se había construido aún la defensa antiaérea del *Canarias* y se piensa en utilizar contra los aviones atacantes la artillería principal de 203 mm, ya que podía elevarse hasta 70 grados.

El 27 de septiembre de 1939 zarpa el crucero *Canarias* de la ría de El Ferrol, con destino al estrecho de Gibraltar, para intentar levantar el bloqueo que en esta zona mantenían los destructores republicanos *Gravina* y *Almirante Cervera*.

Una vez alcanzadas las posiciones próximas a Gibraltar, el *Canarias* lanza una primera andanada contra el *Almirante Cervera*, fallando por pocos metros.

La segunda serie de cañonazos no falla y el destructor republicano es herido de muerte. El *Canarias* suspende el fuego e intenta recoger a los supervivientes.

Esta victoria de la marina franquista hunde la moral de la Armada republicana que, a pesar de disponer de mayor cantidad de barcos y armamento, no será capaz de imponerse a lo largo de la Guerra Civil, obteniendo tan sólo victorias puntuales, como el hundimiento, por medio de torpedos, del crucero *Baleares* en marzo del 38, frente al Cabo de Palos.

En aquel enfrentamiento, de un total de 1.229 oficiales y marineros, 761 de ellos perderán la vida.

El gobierno de la República intenta sellar el estrecho de Gibraltar con sus cruceros y destructores, pues sabe que, si el ejército de Marruecos llega a la Península, la guerra será larga y devastadora.

Los militares golpistas que van a ganar la guerra, como Franco, Goded, Mola, Yagüe y Millán Astray, son "africanistas", han aprendido a luchar en el norte de África contra los marroquíes de los territorios ocupados por España.

El coronel Beigbeder, que habla alemán y árabe, va reclutando mercenarios en los pueblecitos más pobres de Marruecos para que se incorporen a las fuerzas de Franco.

En Sevilla triunfa el Alzamiento

En la noche del 17 de julio de 1936, Sevilla se
encuentra inquieta.
Se han recibido noticias del Alzamiento en Melilla y los
milicianos del Frente Popular recorren las calles
pidiendo armas.
En el Gobierno Civil nadie duerme. Los barrios de San
Julián, Triana, la Macarena y San Marcos
son ocupados por jóvenes marxistas.
El general Villa-Abrille, al mando de la División, es leal al
gobierno de la República. El torero "Pepe el Algabeño", jefe
de la Falange sevillana desde que Joaquín Miranda fue
detenido, se entera de que el general golpista

julio 193

Queipo de Llano está en el Hotel Simón y acude para ponerse a sus órdenes.

Queipo de Llano se dirige más tarde a la División, amenaza con su pistola al general Villa-Abrille, le encierra con sus ayudantes y, poco a poco, consigue poner a todos los cuarteles sevillanos a favor del Alzamiento.

Los días 19 y 20 de julio el ejército mantiene aislados los barrios obreros.

Entonces se le ocurre a Queipo de Llano montar en camiones a los moros y legionarios que han ido llegando al aeropuerto de Tablada, desde África, y hacerles dar vueltas y vueltas por la ciudad, para asustar a los sevillanos.

El general Queipo de Llano llega incluso a vestir de moros (con pantalones bombachos) a sus propios soldados y a embadurnarles la cara con betún, para aumentar la sensación de terror de la población civil de Sevilla, que había oído repetidos rumores acerca de la crueldad de los mercenarios marroquíes.

Una vez conseguida la victoria del Alzamiento en Sevilla su aeropuerto de Tablada servirá para la instalación de los primeros aviones alemanes Heinkel He 51, enviados por Hitler en el carguero "Usaramo", que parte de Hamburgo el 1 de agosto y llega seis días más tarde al puerto de Cádiz, donde desembarcan los militares alemanes disfrazados de turistas. Las enormes cajas que transportan las piezas de los aviones son trasladadas a Sevilla en tren y enseguida comienza el montaje definitivo en el aeródromo de Tablada, donde se consigue que estén operativos el 15 de agosto de 1936. Mientras tanto los aviones de transporte Junkers Ju 52 vuelan desde Alemania a Tetuán, como si perteneciesen a una línea comercial. Una vez instalados en el aeródromo sevillano de Tablada se les coloca el armamento, que los alemanes habían traído por barco.

El Ejército domina el centro de Sevilla pero cuarenta mil afiliados a los partidos y sindicatos socialistas, comunistas y anarquistas se hacen fuertes en algunos barrios, como el de Triana.

A través de los puentes de Triana, San Telmo y de la Corta de Tablada intentan llegar los milicianos al centro de Sevilla, pero Queipo de Llano ordena elevar los puentes levadizos y batir el de Triana con ametralladoras.

El ejército golpista causa una gran matanza de izquierdistas en los barrios de San Julián y Triana, que es arrasada a cañonazos.
Después de la batalla las madres salen a la calle para comprobar la terrible realidad de sus familiares muertos.

julio 1936

Izquierdistas masacrados en Triana

Cádiz. Éxito del golpe militar

julio 1936

La gran importancia estratégica de Cádiz radica en su puerto, muy próximo al estrecho de Gibraltar, en el que debían desembarcar las tropas de Marruecos, dirigidas por Francisco Franco. Junto a Cádiz los lugares claves para la llegada de los moros y de la Legión son Algeciras, San Fernando y La Línea de la Concepción.

También el aeródromo de Jérez de la Frontera juega un papel decisivo en estos primeros y azarosos momentos de la Guerra Civil.

El general López Pinto, al mando de la plaza, recibe una llamada de Queipo de Llano desde Sevilla para que se ponga del lado de los rebeldes. López Pinto acepta y pone en libertad al general Varela, confinado en Cádiz por el gobierno republicano y detenido el día anterior.

Los cinco mil afiliados al Frente Popular son aplastados por el Tabor de Regulares de Ceuta (tres compañías de soldados marroquíes), desembarcados el día 19 de julio.

En Granada fusilan a García Lorca

En Granada los coroneles Muñoz y León toman el poder, enfrentándose al general Campins, que no se decide a apostar por el Alzamiento militar. Las órdenes del gobierno republicano para entregar a los milicianos 14.000 armas del cuartel de Artillería no son cumplidas. Federico García Lorca, que no pertenece a partido alguno, aunque son evidentes sus ideas antifascistas, se refugia en casa de su amigo el poeta Luis Rosales, militante falangista, quien no puede evitar que Federico sea detenido el 16 de agosto y que en la madrugada del 17 al 18, con la aprobación del Gobernador Civil de Granada, sea fusilado.

agosto 1936

Los milicianos socialistas, comunistas y anarquistas desfilan alegres por la Puerta del Sol, después de haber sofocado la rebelión golpista, focalizada en el Cuartel de la Montaña.

Son los primeros momentos de la Guerra Civil, cuando nadie, en la izquierda española, preveía que la contienda iba a ser larga y que, además, iban a perderla. Tenían enfrente a un general con poder absoluto, a la Iglesia, al capital, y a los aviones de guerra enviados por Hitler y Mussolini.

julio 193

Madrid permanece leal a la República

El 18 de julio de 1936 el general Fanjul, encargado por Mola del Alzamiento en la capital de España, entra en el Cuartel de la Montaña para organizar desde allí la sublevación contra el gobierno de la República.

En el Cuartel de la Montaña, situado en la cornisa del Manzanares, muy próximo a la Plaza de España, se encuentran en aquel momento un regimiento de Infantería, otro de Zapadores y el Grupo de Alumbrado. Cuarenta y dos cadetes, que se hallan transitoriamente en Madrid, se unen a los sublevados. Lo más importante es que en el cuartel se guarda gran cantidad de armamento: 45.000 cerrojos para otros tantos fusiles, sin los cuales no se podía defender el régimen constitucional.

Las culatas se hallan en el Parque de Artillería. Los milicianos se hacen dueños de las culatas y exigen al gobierno la entrega de los cerrojos, para hacer frente a los rebeldes.

Entran luego al Cuartel de la Montaña quinientos falangistas y monárquicos, para ayudar a la defensa del edificio militar contra los ataques de las milicias de trabajadores.

Fanjul intenta iniciar una acción de conjunto entre todos los cuarteles de Madrid. Llama a Campamento pero el coronel Castaños Argüelles no accede a sus peticiones. Entonces García de la Herrán intenta hacerse con el mando. Muere en el intento.

El día 19 el general Fanjul, que no se ha atrevido a sacar las tropas a la calle, se da cuenta de que han fracasado todos los levantamientos en el resto de cuarteles y que él mismo está rodeado por numerosos milicianos, que han recibido fusiles del teniente coronel Rodrigo Gil, leal a la República, y poco más tarde del propio gobierno, presidido por José Giral.

Durante la noche del 19 de julio y a lo largo del día 20, milicianos y guardias de asalto se van situando en las azoteas de las viviendas de la calle Ferraz, desde las que pueden disparar contra la fachada principal del Cuartel de la Montaña.

El gobierno envía el día 20 un ultimátum, que es rechazado. También se colocan algunos cañones con los que se bombardea durante cinco horas a los sublevados.

En el interior del cuartel, algunos soldados y suboficiales son partidarios de rendirse y sacan una bandera blanca por un balcón. Los milicianos se confían y se acercan a negociar. En ese momento son masacrados a traición desde el propio cuartel.

Al ver los milicianos este ataque a compañeros indefensos se indignan y combaten de frente y de forma salvaje la fortificación militar, entrando en los dos patios con la intención de matar a todos los sublevados.

En las plantas altas se suicidan algunos oficiales jóvenes. Hay más de doscientos muertos y los milicianos consiguen más de 50.000 fusiles y una considerable cantidad de munición.

El general Joaquín Fanjul es herido. No le rematan sino que le toman prisionero. Poco más tarde será juzgado, en juicio sumarísimo, condenado a muerte el 15 de agosto, y fusilado al día siguiente, junto con el coronel Tomás Fernández de la Quintana.

La confusión en el asalto es muy grande. Muchos aprovechan para huir gracias a la entrada de numerosos milicianos y curiosos, que estaban contemplando el asalto desde el vecino barrio de Argüelles.

El propio Juan Manuel Fanjul, hijo del general sublevado, logra huir a pesar de estar herido.

La noticia de la caída del Cuartel de la Montaña se extiende por todo Madrid. Los demás focos de sublevación, como el Cuartel de Artilleros de Getafe o los cuarteles de El Pardo intentan resolver su situación con las mínimas pérdidas, sabiendo que en la capital ha fracasado el golpe de estado.

Madrid. Asalto al cuartel de la Montaña

julio 1936

Tras el asalto al Cuartel de la
Montaña, los milicianos se
reparten las armas,
amontonadas en el centro del
patio.

Madrid. La Puerta del Sol

julio 1936

En la Puerta del Sol se manifiestan las fuerzas de izquierda que han derrotado a los golpistas, tras el asalto al Cuartel de la Montaña, situado en el arranque de la calle de Ferraz, en el lugar que ocupa en la actualidad el Templo de Debod.

De Madrid saldrán los primeros milicianos hacia las sierras de Somosierra y Guadarrama, para detener el avance de las tropas de Mola.

Madrid nunca será tomada por el ejército franquista hasta los últimos días de la guerra, en marzo del 39, cuando las fuerzas de los republicanos estén completamente agotadas y tan sólo quede la vana esperanza de huir hacia Valencia o Alicante, para intentar coger un barco hacia un amargo exilio, donde poder seguir soñando con la libertad.

Madrid. La victoria ha sido demasiado fácil

Madrid, calle de la Montera. Bajan los coches de UHP (Unión de Hermanos Proletarios) repartiendo propaganda desde la Gran Vía hasta la Puerta del Sol.
Es el mes de julio y muchos militares están de vacaciones. Por eso ha sido tan fácil la victoria. Se calcula que entre los cuarteles de la capital y alrededores hay tan sólo unos 7.250

julio 1936

soldados miembros del Ejército.
A éstos hay que añadir 2.375 Guardias
Civiles y 4.020 Guardias de Asalto, que se
ponen al lado de la República.
Los generales golpistas no están en Madrid, ya que habían
sido destinados previamente muy lejos de la capital.

Madrid. Banderas republicanas en la Gran Vía

Ha comenzado la Guerra Civil sin que nadie en Madrid se de cuenta de la tragedia que se avecina. Franco está llevando a sus moros y legionarios hacia Sevilla para avanzar por Extremadura y Toledo hacia Madrid, a cuyos alrededores llegará en octubre.

julio 1936

Mientras que la mayor parte de la oficialidad del Ejército se pone del lado de los sublevados, el pueblo defiende a la República y pide armas para luchar en contra de los golpistas.

El jefe del gobierno, Julio Casares Quiroga, indeciso ante los acontecimientos, decide dimitir el día 18 de julio, antes que entregar armas a los milicianos.

El día 19 de julio es nombrado primer ministro José Giral, un republicano moderado, que forma gobierno con el apoyo del Partido Socialista.

julio 1936

Madrid. Desbordante alegría en Preciados

Madrid. Alistamiento de milicianos

Al comienzo de la Guerra Civil la influencia de los sindicatos anarquistas FAI y CNT es evidente. Sin embargo, los comunistas del PCE se van haciendo con el poder a lo largo de la contienda, siguiendo las directrices de Stalin, que impone el criterio de posponer la Revolución hasta conseguir la victoria sobre las tropas franquistas.

septiembre 1936

43

Los generales golpistas saben que Barcelona va a ser una plaza difícil el
día del Alzamiento contra la República. El jefe de la División, general
Llano de la Encomienda, es leal al gobierno y también las fuerzas de
seguridad y los Guardias de Asalto. La Guardia Civil, dudosa al
principio, termina por defender a la República en Barcelona.
El general encargado del golpe es Goded, que primero tiene que
sublevar Mallorca contra el Frente Popular y luego volar a Barcelona.
Mucho trabajo para un sólo hombre.
Las tropas salen a la calle en la madrugada del día 19 de julio de 1936,
pero son atacadas por miles de milicianos, sobre todo anarquistas.
Cuando llega Goded a Barcelona desde Mallorca, a media mañana,
la situación está claramente volcada del lado de los leales al
gobierno de izquierdas, legalmente constituido. El general Goded
es detenido y el día 20 se rinden los últimos sublevados en
Dependencias Militares y Atarazanas, concluyendo la lucha.
Utilizando sus propios medios de espionaje, los líderes
anarquistas de la CNT y la FAI ya conocían con gran
detalle los preparativos del golpe militar.
Han constituido el Comité de Defensa Confederal,
dirigido por los legendarios anarquistas Ascaso, García
Oliver y Durruti.
Los anarquistas dejan que los militares sublevados
salgan de sus cuarteles, para atacarles en las calles
de Barcelona y quitarles las armas.

Barcelona, 19 de julio de 1936

Barcelona. Lucha en las calles

Barcelona, 19 de julio de 1936.
Guardias de Asalto han formado una barricada con los cuerpos sin vida de algunas mulas y disparan contra las tropas sublevadas en el Carrer de la Diputació.

Centelles

47

Barcelona. Los insurgentes derrotados

julio 1936

Los Guardias de Asalto, ayudados por las milicias anarquistas, controlan la situación y cachean por la calle a todos los sospechosos de apoyar con armas el levantamiento contra la República.

Barcelona. Desfile de jóvenes comunistas

El Partido Comunista va adquiriendo
más y más fuerza en el bando
republicano. Como fruto de su estrategia de
acercarse al Partido Socialista surgen las
Juventudes Socialistas Unificadas (JSU) y el
Partido Socialista Unificado de Cataluña (PSUC),
en abril y julio de 1936 respectivamente.
El lema del Partido Comunista durante la Guerra
Civil será priorizar la victoria sobre los militares
rebeldes y postergar la Revolución hasta haber
conseguido ganar la contienda.
En la fotografía: desfile por las calles de Barcelona de
jóvenes comunistas, pertenecientes a las Juventudes
Socialistas Unificadas, el 6 de octubre de 1936, con ocasión del
segundo aniversario de la Revolución de Asturias.

julio 1936

A pesar de que en algunos casos los Guardias de Asalto han tratado de impedírselo, los militantes anarquistas de CNT y FAI han conseguido apoderarse de gran cantidad de armas, durante los enfrentamientos del 19 de julio de 1936 en las calles de Barcelona. Los defensores civiles y militares del cuartel de Artillería de San Andrés, donde se guardaban veinte mil fusiles y varios millones de cartuchos, deciden rendirse a las fuerzas leales al gobierno. Muchos consiguen huir, aprovechando la extrema confusión de

Barcelona. Los anarquistas se arman

aquellos momentos, ya que quitándose el uniforme
y poniéndose ropa usada de cualquier trabajador bien
pueden camuflarse como revolucionarios anarquistas.
Los milicianos de FAI y CNT se apoderan de gran parte del
arsenal conquistado, aunque reciben la mala noticia de
la muerte de uno de sus líderes más queridos: Francisco Ascaso,
quien ha recibido un tiro en la cabeza, cuando intentaba acallar una
ametralladora que disparaba a los asaltantes anarquistas
desde las Atarazanas.

PSUC, los comunistas catalanes

Aunque en un primer momento es el anarquismo catalán quien toma las calles de Barcelona y se enfrenta con mayor decisión a los militares golpistas, poco a poco serán los comunistas catalanes del PSUC quienes irán controlando los mecanismos del poder, gracias a su férrea disciplina y sobre todo a la fuerza política y militar de la Unión Soviética, el único estado que apoya con alimentos y armamento de gran calidad (sobre todo tanques y aviones) a la República.

Como contaba George Orwell: "... en las mansardas del Hotel Colón los comunistas tenían ametralladoras que podían barrer la Plaza de Cataluña con un efecto letal... ".

agosto 1936

agosto 1936

Anarquistas a la conquista de Zaragoza

Al comienzo de la guerra los anarquistas catalanes viven momentos de euforia, tras su victoria sobre los militares rebeldes en Barcelona.

Piensan que en pocos días van a recuperar para la República los territorios de Aragón. Con aires de romería, incautan camiones y camionetas para dirigirse primero a Zaragoza, donde creen que no van a encontrar demasiada resistencia. Es verano, hace mucho calor, y los milicianos se cubren la cabeza con sombreros de paja, pañuelos o cascos, y ondean con alegría las banderas anarquistas, sintiendo que viven, por fin, los primeros días de su revolución libertaria.

Pronto empezarán a morir, acribillados por las ametralladoras y los cañones. El sueño anarquista comenzará a desvanecerse...

octubre 1936

Barcelona. Llega el buque soviético "Ziryanin"

Mientras que la Alemania de Hitler y la Italia de Mussolini apoyan al bando franquista, la Rusia de Stalin hace un gran esfuerzo en su ayuda humanitaria y militar a favor de la República.

Bien es cierto que Moscú ha recibido el oro del Banco de España, enviado por orden de Juan Negrín, ministro de Hacienda del primer gobierno de Largo Caballero.

Las reservas de oro español (quinientas toneladas) sirven para ir pagando al contado, hasta marzo de 1938 en que se agotan, los suministros de armamentos, medicinas y alimentos que van llegando a los puertos de Barcelona, Valencia, Cartagena y Alicante, a pesar de los constantes ataques de los aviones y barcos italianos, asentados en la isla de Mallorca.

Franco, en cambio, basa el pago de las ayudas de Alemania e Italia en créditos pagaderos al final de la contienda, muchos de los cuales serán "olvidados" en los confusos años de la II Guerra Mundial, iniciada en 1939, a los pocos meses de la victoria franquista en la Guerra Civil.

En la fotografía: recibimiento multitudinario al buque soviético Ziryanin, que llega con alimentos y medicinas al puerto de Barcelona, el 14 de octubre del año 1936.

Los militares rebeldes controlan Segovia

Ya entrada la guerra, las fuerzas republicanas y sus Brigadas Internacionales descenderán desde Peñalara hasta La Granja de San Ildefonso, para intentar posteriormente la conquista de Segovia.
Sin embargo, las escasas fuerzas franquistas en la zona se encargarán, sin demasiados problemas, de frenar el avance del ejército popular.

En Segovia, Ávila y Logroño el estado de guerra se declara el día 19 de julio de 1936. Los militares rebeldes controlan la situación, aunque el peligro se acerca desde Asturias: cuatro mil mineros revolucionarios se han montado en dos trenes y varios camiones y han salido hacia León y Castilla para defender al gobierno del Frente Popular.

En León, el general Bosch les engaña y les entrega 200 fusiles inservibles.

Cuando los mineros salen de León, el general Bosch declara el estado de guerra y se adueña de la ciudad.

Poco más tarde, los mineros asturianos se enteran de que en Oviedo ha triunfado el Alzamiento y regresan a su tierra precipitadamente.

julio 1936

61

Una expedición de anarquistas catalanes desembarca en la isla de Mallorca, con la vana esperanza de conquistarla para la República, sin la debida estrategia y organización militar.

agosto 1936

Anarquistas catalanes desembarcan en Mallorca

Mallorca. Fracasa la expedición anarquista

En Mallorca, como en Canarias, el Alzamiento triunfa sin obstáculos. Sus comandantes militares son generales de prestigio y, desde tiempo atrás, habían decidido alzarse en armas contra el Frente Popular.

El general Goded controla completamente Palma de Mallorca el día 19 de julio de 1936, tras destituir al gobernador militar, que se mantenía fiel a la República. Todas las islas Baleares, excepto Menorca, quedan en poder de los militares golpistas.

Goded vuela entonces a Barcelona para tomar el mando del Alzamiento, pero allí fracasa y es detenido, condenado en juicio sumarísimo y posteriormente ejecutado.

Las fuerzas anarquistas de Barcelona, animadas por el éxito en Cataluña contra los militares derechistas, deciden conquistar Mallorca para la Revolución.

Inicialmente las columnas encargadas de la ocupación de Mallorca van a ser dos: la organizada en Valencia, al mando del capitán Uribarry, y la de Barcelona, dirigida por el capitán Bayo.

Sin embargo, tras la ocupación de Ibiza por Bayo, Uribarry abandona la empresa al darse cuenta de la ideología independentista de la expedición catalana.

Bayo se dirige a Mahón (Menorca), fiel a la República desde el principio, y allí espera la llegada de los milicianos catalanes, a los que se unen algunos marineros menorquines y fuerzas de voluntarios extranjeros anarquistas, encuadrados en la centuria *Tchapaiev*.

Esta expedición anarquista, una de las más alocadas de la historia de nuestra Guerra Civil, no se basaba en una organización militar sino en el entusiasmo y cierta dosis de fanfarronería. Nada menos que catorce aviones republicanos participaron en la operación y se contó además con el acorazado *Jaime I* y el crucero *Libertad*, dos destructores, tres submarinos, un torpedero, algunos buques menores y once mercantes. Al frente de la flota iba el capitán de corbeta Miguel Buiza.

Los milicianos anarquistas desembarcan en número de 3.000 en Cala Anguila, junto a Puerto Cristo, a lo largo de la noche del 15 al 16 de agosto de 1936.

Al principio todo va bien ya que la superioridad de los invasores es abrumadora. Así forman en pocos días una cabeza de puente de 40 kilómetros de extensión.

A lo largo de once larguísimas jornadas, las tropas de ambos bandos se enfrentan sin que se perfile un claro vencedor .

Pronto se comprueba que sin la intervención de fuerzas extranjeras la Guerra Civil puede eternizarse, por la evidente escasez de armamento en ambos ejércitos.

La situación empieza a cambiar a favor de las derechas cuando un enorme buque italiano trae a Palma de Mallorca cazas y bombarderos enviados por Mussolini.

El día 28 de agosto estos aviones siembran el terror entre los invasores anarquistas. A esto se añade que el gobierno central de Madrid amenaza con la retirada del apoyo naval si la operación de Mallorca se alarga mucho.

Los anarquistas inician una vergonzosa huida hacia sus barcos para regresar a Barcelona, donde les gusta desfilar, sin ningún peligro, gritando consignas revolucionarias.

Los anarquistas abandonan en la isla todo su armamento pesado, gran cantidad de municiones y a algunos camaradas, que no pueden embarcar a tiempo.

Tras la victoria de Mallorca, los nacionales recuperan Cabrera el día 13 de agosto y las islas de Ibiza y Formentera el día 20.

Lo que ha ocurrido en Mallorca es un adelanto de lo que se repetirá durante los tres años de Guerra Civil: nunca la República podrá mantener sus avances sobre territorios del bando franquista.

agosto 1936

Hidroaviones republicanos

El apoyo de los hidroaviones fue tan importante en el desembarco de Mallorca que, al faltarles, los hombres de la República tuvieron que iniciar la retirada y regresar a sus barcos.
El primer día que actuaron los cazas italianos fue demoledor para los milicianos anarquistas del capitán Bayo.
Los hidroaviones republicanos, enviados por la Generalitat catalana, fueron ametrallados y destruidos en la cala Morlando, donde estaban anclados.

agosto 1936

Mallorca e Ibiza no volverán a ser atacadas

julio 1936

En Navarra, cuna del carlismo, el general Mola encuentra un gran número de hombres dispuestos a morir por Dios, por la Patria y el Rey, con odio profundo hacia las ideologías ateas e izquierdistas. Con estos requetés se formará el embrión del Ejército del Norte.

Llega a Madrid el embajador soviético

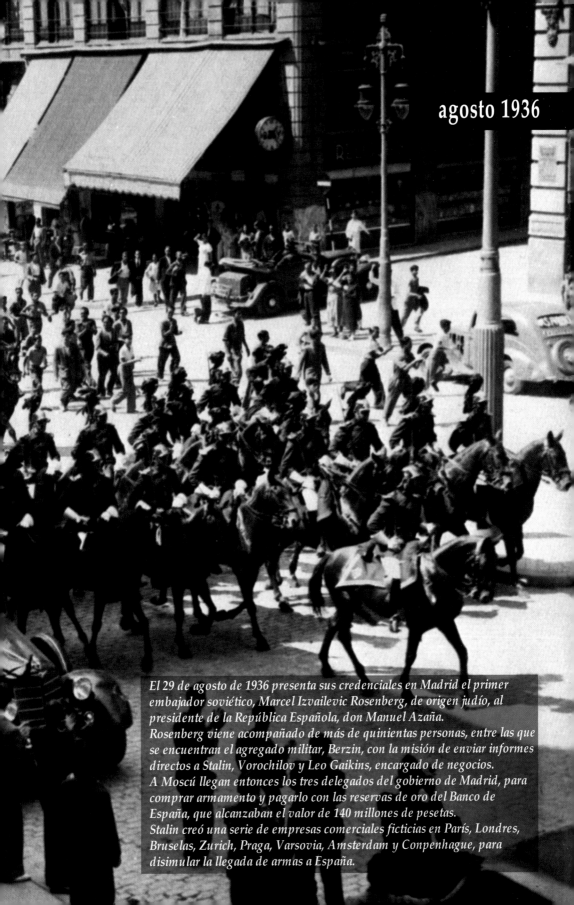

agosto 1936

El 29 de agosto de 1936 presenta sus credenciales en Madrid el primer embajador soviético, Marcel Izvailevic Rosenberg, de origen judío, al presidente de la República Española, don Manuel Azaña.

Rosenberg viene acompañado de más de quinientas personas, entre las que se encuentran el agregado militar, Berzin, con la misión de enviar informes directos a Stalin, Vorochilov y Leo Gaikins, encargado de negocios.

A Moscú llegan entonces los tres delegados del gobierno de Madrid, para comprar armamento y pagarlo con las reservas de oro del Banco de España, que alcanzaban el valor de 140 millones de pesetas.

Stalin creó una serie de empresas comerciales ficticias en París, Londres, Bruselas, Zurich, Praga, Varsovia, Amsterdam y Conpenhague, para disimular la llegada de armas a España.

Irún se pierde para la República

Tanto los defensores de Irún como las fuerzas navarras atacantes han luchado a muerte y, en los últimos momentos, cuerpo a cuerpo con las bayonetas.

Cuando todo está perdido para las fuerzas republicanas, Irún es incendiada por los anarquistas antes de abandonarla, huyendo a la vecina Francia. Han comenzado por prender fuego al Casino y han seguido con el Hotel París, la estación y otros edificios representativos de las calles céntricas.

Iban los grupos comunistas y anarquistas recorriendo las calles cargados con bidones de gasolina, teas y granadas de mano. Dejaban las latas de gasolina en el interior de las viviendas y luego lanzaban las granadas desde la calle para provocar el incendio. A pesar de tener a poca distancia a las tropas enemigas, los milicianos podían escapar a Francia en pocos minutos, ya que estaban cerca el Puente Internacional, la playa y los pasos fáciles del Bidasoa.

El terrible incendio de Irún y su completa destrucción llenará de horror e indignación a los vascos, que no querrán este mismo fin para el resto de sus hermosas ciudades y las irán rindiendo de tal forma que queden intactas, tanto los edificios como sus excelentes industrias.

septiembre 1936

77

Los anarquistas incendian Irún antes de huir

La lucha fue durísima en el monte de San Marcial, "llave de Irún". La loma, con la ermita del Santo, estaba fortificada con sucesivas trincheras, parapetos y alambradas en toda la extensión de sus laderas y defendida desde lo alto con ametralladoras.

Los requetés del general Mola, apoyados por la artillería y la aviación alemana, intentaron tomar la posición el 26 de agosto de 1936, aunque no lo consiguieron hasta una semana después, el 2 de septiembre.

Para los franceses la batalla de Irún fue todo un espectáculo, ya que lo contemplaban desde la orilla opuesta del río Bidasoa, alquilando las ventanas a sus compatriotas que veraneaba en Hendaya para "disfrutar" de los bombardeos y del posterior incendio.

La defensa había corrido a cargo de comunistas y anarquistas guipuzcoanos dirigidos por el teniente de Carabineros Antonio Ortega y luego, cuando Ortega fue nombrado gobernador de Guipúzcoa, del gran luchador comunista Manuel Cristóbal Errandonea.

Las tropas de Mola iban dirigidas por el coronel Beorlegui. Tenía 17 compañías y una bandera del Tercio, además de artillería.

El norte republicano queda incomunicado con Francia

Muchas mujeres y niños cruzaron a Francia durante la batalla para no verse implicados en tan peligroso acontecimiento, regresando a los pocos días y comprobando que sus casas eran tan sólo un montón de ruinas.

Herido Beorlegui en la batalla de Irún, una serie de avances combinados de las columnas de Iruretagoyena, Latorre, Cayuela, Los Arcos y Alonso Vega llevarían a las tropas rebeldes a la toma de San Sebastián el 13 de septiembre y de toda la provincia de Guipúzcoa a lo largo del mismo mes. Los dos mil kilómetros cuadrados de fértil territorio, muy densamente poblado y con excelentes industrias y riqueza agrícola y ganadera, quedaban del lado nacional y además se impedía a Vizcaya cualquier tipo de comunicación por tierra con Francia.

Era el principio del fin para toda la zona norte republicana. Navarra, clave en el Alzamiento Nacional por ser el origen del Ejército del Norte, quedaba con las espaldas bien guardadas.

septiembre 1936

Conducción de prisioneros tras la caída de Irún

Beorlegui contaba con 17 compañías y una bandera del Tercio.
Estos legionarios se han encargado de la toma de la ciudad,
casa por casa, ya que se han escondido en ellas numerosos
francotiradores.
En estas primeras semanas de la Guerra Civil son los
legionarios, los moros y los requetés quienes consiguen las
decisivas victorias iniciales sobre los vascos
que defienden la República.

81

El general Mola entra en San Sebastián

Mola había delegado el mando de la campaña de Guipúzcoa en el coronel Solchaga. Sin embargo, con el deseo de figurar como el conquistador de San Sebastián, llega a la ciudad el 14 de septiembre, un día después de la ocupación por parte de los requetés de Artajona (conocidos así por venir de este pueblo navarro) cuyo "sargento de Cristo" llevaba un original crucifijo en el pecho.

Los requetés de Artajona habían entrado en San Sebastián el día 13 de septiembre, a las doce, por la calle de Miracruz. En el ataque a San Sebastián tomaron parte cinco carros ligeros de asalto italianos (tanquetas Ansaldo) manejados por españoles, que habían sido instruidos en Valladolid por especialistas enviados por Mussolini.

Estas tanquetas reaparecerán en el mes de octubre, cuando las fuerzas rebeldes emprendan el primer ataque sobre Madrid.

septiembre 1936

San Sebastián permanece intacta

Se salvaron todos los edificios, como este Club Naútico, proyectado en 1929 por los arquitectos José Manuel Aizpurúa y Joaquín Labayen, obra maestra del Movimiento Moderno.

Ante el horror sentido por el incendio anarquista de Irún, cuando ya estaba perdida la batalla, los donostiarras deciden conservar la ciudad y no oponen resistencia armada a la entrada de las tropas del general Mola.

Gracias al sentido común, la capital guipuzcoana ha quedado intacta.

El PNV (Partido Nacionalista Vasco) ha dudado, desde el primer momento, entre apoyar la sublevación militar o respetar al gobierno republicano. Tras perder San Sebastián, se decide por la República, pues ésta le concede el Estatuto de Autonomía el 1 de octubre de 1936. En Álava el PNV ha estado desde el comienzo con los sublevados y muchos nacionalistas alaveses se han integrado en las filas requetés, luchando codo con codo con los tradicionalistas navarros.

septiembre 1936

Desde el 21 de julio hasta el 27 de septiembre de 1936, van a transcurrir diez sangrientas semanas, en las que un grupo de hombres y mujeres resisten, en el Alcázar de Toledo, el asedio implacable de las milicias izquierdistas del Frente Popular.

El coronel Moscardó, gobernador militar de Toledo, había recibido el 21 de julio una orden del gobierno republicano: entregar a las fuerzas revolucionarias la munición de la Fábrica de Armas de Toledo.

Decide entonces negarse y declarar el estado de guerra en toda la provincia.

Aquel mismo día el gobierno republicano manda una columna hacia Toledo, al mando del general Riquelme, compuesta por guardias de Asalto, soldados de infantería, milicianos y cuatro blindados.

Esta nutrida columna ocupa aquella misma tarde la Fábrica de Armas. A la mañana siguiente desalojan a los defensores del Hospital de Tavera.

Moscardó decide entonces renunciar a una defensa del perímetro completo de Toledo y se fortifica en un núcleo interior, organizado alrededor del Alcázar .

julio-septiembre 1936

Los milicianos intentan el asalto al Alcázar

Al comenzar la guerra el gobierno de Madrid se encuentra con este
problema a muy pocos kilómetros de la capital. Un foco rebelde,
con un grupo de militares y falangistas bien armados, fortificados
en un edificio de sólida construcción y con una firme decisión de
morir antes que rendirse.
La población del Alcázar llega a ser muy numerosa, aunque los
hombres adiestrados en las armas no pasan de 1.100. De ellos, 142
son jefes y oficiales de muy diversa procedencia, y 650 suboficiales
y guardias civiles. Los paisanos militarizados llegan a 105 y el resto
son soldados que hacían el servicio militar en la Academia y en la
Escuela Central de Gimnasia.

julio-septiembre

Los milicianos atacan de forma caótica a las fuerzas de Moscardó. El Alcázar es bombardeado por aviones y cañones republicanos sin lograr el asalto definitivo. Es entonces cuando se piensa en minar el edificio con dinamita, para conseguir su total demolición.

La supervivencia de los defensores del Alcázar se hace posible por el descubrimiento de un gran depósito de trigo en un almacén próximo a la fortaleza y a las numerosas "escapadas" de valientes soldados, que se internan de noche en la ciudad ocupada por los milicianos y consiguen llevar a sus compañeros alimentos y medicinas.

Los defensores van cocinando poco a poco todos los caballos y mulas que había en el Alcázar al comienzo del asedio, y beben el agua potable que se almacenaba en varios aljibes.

julio-septiembre 1936

Toledo. Caos e indisciplina entre los asaltantes

Explotan las minas bajo el Alcázar

Se llega a publicar un periódico en el interior de la fortaleza, recogiendo las noticias que se oían por la radio e incluso detalles simpáticos en la vida cotidiana de los defensores. El 22 de agosto sobrevuela el Alcázar un avión nacional que lanza víveres y un mensaje lastrado del general Franco, animando a continuar la resistencia y prometiendo un inminente rescate.

El día 26 aviones franquistas bombardean posiciones enemigas, provocando la euforia de los defensores del Alcázar.

El 8 de septiembre se entrevista Moscardó con el comandante republicano Vicente Rojo, al que rechaza todas sus propuestas de rendición. Tampoco tiene resultado la

entrevista con el canónigo Sánchez Camarasa. Los ataques contra el Alcázar continúan. El torréon nordeste es destruido el 4 de septiembre y cuatro días después el del noroeste. Gran parte de los lienzos de las fachadas ya no existen.

Se considera tan inminente el asalto definitivo que vienen de Madrid el presidente del Consejo, algún ministro, jefes militares, y periodistas españoles y extranjeros.

El 18 de septiembre, a primera hora de la mañana, se hacen explotar las minas, colocadas por mineros asturianos bajo el torreón sudoeste, quedando convertidas en escombros tanto esta torre como la fachada oeste y todo el conjunto de casas vecinas.

septiembre 1936

Los legionarios liberan el Alcázar

La lucha en las ruinas es de gran intensidad y dramatismo durante varias jornadas, hasta que el día 27 de septiembre un destacamento avanzado de la V Bandera llega hasta el Alcázar y unos pocos legionarios abrazan a sus héroes.

Al día siguiente el general Varela oye de labios de Moscardó el famoso "sin novedad" que resume el orgullo de los defensores. El 29 de septiembre el general Franco prende en el pecho del coronel Moscardó la Cruz Laureada de San Fernando.

septiembre 1936

octubre 1936

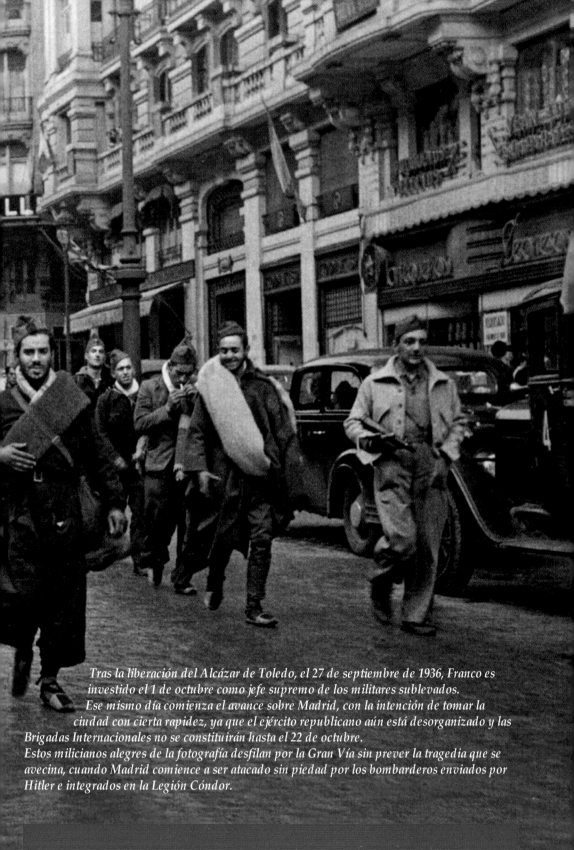

Tras la liberación del Alcázar de Toledo, el 27 de septiembre de 1936, Franco es investido el 1 de octubre como jefe supremo de los militares sublevados.

Ese mismo día comienza el avance sobre Madrid, con la intención de tomar la ciudad con cierta rapidez, ya que el ejército republicano aún está desorganizado y las Brigadas Internacionales no se constituirán hasta el 22 de octubre.

Estos milicianos alegres de la fotografía desfilan por la Gran Vía sin prever la tragedia que se avecina, cuando Madrid comience a ser atacado sin piedad por los bombarderos enviados por Hitler e integrados en la Legión Cóndor.

Madrid. Los milicianos se disponen a luchar

Madrid. Tanque "Renault" en Colón

El 24 de noviembre de 1936 se reciben 16 carros de combate Renault FT-17 en el puerto de Alicante, transportados por el buque "Rambón". En febrero de 1937 llegan a Santander otros 16 carros que provienen de la Unión Soviética. Estos carros estaban obsoletos. Habían sido diseñados por Louis Renault al final de la Primera Guerra Mundial y fue el mejor carro de combate de los años 20. Su influencia en el devenir de la Guerra Civil fue mínima, ya que nada tenían que hacer frente a los "Panzer" alemanes. Muchos de estos carros fueron capturados por las tropas de Franco e incorporados a sus agrupaciones acorazadas.

noviembre 1936

La batalla de Madrid

A las nueve de la noche del 7 de noviembre de 1936 los madrileños tienen una gran suerte: un obús inutiliza una tanqueta italiana *Fiat Ansaldo* que avanzaba por la carretera de Extremadura. Cuando los milicianos comprueban que ha muerto el tanquista, el capitán español Vidal-Cuadras, encuentran en sus bolsillos una copia con todos los detalles del plan de ataque del general Franco a Madrid.

El plan indica que van a intentar penetrar en Madrid por el Parque del Oeste y la Ciudad Universitaria. El coronel Asensio deberá cruzar el río y subir por el paseo de Rosales hasta llegar a los cuarteles de don Juan para, a continuación, liberar la Cárcel Modelo, situada en la Plaza de la Moncloa.

Por el flanco izquierdo las tropas del comandante Antonio Castejón deberán tomar posiciones en la Ciudad Universitaria.

El tridente deberá ser completado con la toma del Cuartel de la Montaña y del Palacio Real por los soldados del coronel Francisco Delgado Serrano.

La infantería franquista contará con el apoyo de 20 tanques italianos al mando del capitán Oreste Fortuna y doce tanques alemanes, dirigidos por el coronel Von Thoma.

El general Miaja y el teniente coronel Vicente Rojo, que dirigen la defensa de la capital, trasladan el grueso de las tropas hacia la Casa de Campo y la Ciudad Universitaria.

Justo el día 7 de noviembre llega a Madrid la XI Brigada Internacional, desde los campos de entrenamiento de Albacete. Toman posiciones en la Ciudad Universitaria y Parque del Oeste.

La batalla empieza al amanecer del día 8 de noviembre. Las tropas marroquíes de Franco llegan hasta Moncloa, donde los milicianos comienzan a huir. El propio general Miaja debe frenar la desbandada de cobardes amenazándoles con su pistola. Alguno moros llegan incluso al barrio de Argüelles.

Las ametralladoras republicanas frenan a los marroquíes, dejando decenas de cadáveres sobre los adoquines de la calle Princesa.

En los días siguientes, Miaja ordena minar el Puente de los Franceses y el general Varela debe avanzar sobre el cauce del río, donde los carros de asalto se embarrancan.

Cuando ya la luz empieza a ceder, la columna reforzada de Asensio, con un empuje irresistible, arrolla a los anarquistas de Buenaventura Durruti y ocupa la Ciudad Universitaria y los campos de deporte.

Llega la noche y penosamente los soldados franquistas tienden una pasarela sobre el río Manzanares, que tan sólo en la oscuridad podrá ser cruzada.

Los cinco días siguientes van a ser los más dramáticos de la Guerra Civil. El día 16 los marroquíes de Asensio ocupan la Casa de Velázquez, residencia de artistas franceses, y la Escuela de Ingenieros Agrónomos.

El día 17 de noviembre las tropas del general Varela llegan hasta el Hospital Clínico, del que se apoderan tan sólo de una parte. En la batalla es herido el teniente coronel Delgado Serrano por parte franquista y muerto el jefe de la IV Brigada Mixta, del ejército popular.

El día 19 muere de la manera más absurda, por un disparo fortuito de su propio fusil, el líder anarquista Buenaventura Durruti. Sus hombres quedan desmoralizados.

En la Ciudad Universitaria la lucha es incesante y extraordinariamente cruenta. No paran los disparos ni de día ni de noche.

Los soldados no se sienten seguros en ningún lugar, sin la protección de una retaguardia que prácticamente no existe. La lucha más despiadada alcanza sus notas más agudas en el interior del Hospital Clínico, donde el enemigo siempre está en la habitación contigua.

noviembre 1936

En agosto del 36 han comenzado a llegar los primeros bombarderos italianos para Franco, del modelo Savoia SM 81.

El 15 de noviembre aterrizan los eficaces aviones y pilotos de la Legión Cóndor, enviada por Hitler para apoyar a las fuerzas rebeldes. Bombardearán Madrid sin piedad. Los edificios y las calles de la capital serán un infierno.

Tan sólo la llegada, desde la Unión Soviética, de los cazas Polikarpov I-15, conocidos como los "chatos", y posteriormente de los Polikarpov I-16, apodados los "moscas", hará más equilibrada la batalla aérea sobre el cielo madrileño.

Pilotos de la Alemania nazi combatirán contra pilotos de la Rusia comunista en la batalla de Madrid.

noviembre 1936

Aviones alemanes bombardean la Gran Vía

noviembre 1936

En noviembre de 1936 Madrid es masacrada por la aviación alemana integrada en la Legión Cóndor

Madrid. La Puerta del Sol bombardeada

noviembre 1936

Madrid. Masacre frente a Telefónica

En la madrileña Red de San Luis, la plaza
formada en el cruce de la calle Montera con la
Gran Vía, la aviación nazi ha causado
numerosos muertos entre ciudadanos
indefensos.
Los enviados de Hitler quieren aterrorizar a la
población civil para que se rinda.
Están ensayando los terribles bombardeos sobre
Holanda, Bélgica e Inglaterra de la II Guerra
Mundial. Madrid se defiende con la ayuda
soviética.
Sin la presencia de los cazas rusos los nazis de la Legión
Cóndor bombardearían la ciudad con total impunidad.

Madrid. Terror en Antón Martín

En el mes de noviembre de 1936 una bomba de gran potencia, lanzada desde un avión alemán, destruye gran parte de los edificios que conforman la Plaza de Antón Martín, en la confluencia de las calles Atocha y Magdalena, sufriendo daños de consideración el gran Teatro Monumental, obra del arquitecto Anasagasti, y la famosa farmacia El Globo, conocida por el globo aerostático que cuelga en uno de los balcones del inmueble.

Los bombarderos de la Legión Cóndor que desatan el infierno sobre las calles y plazas de Madrid son los Junkers Ju 52, que poco después serán sustituidos por los más modernos Heinkel 111, a partir de febrero de 1937.

Los Junkers eran también aviones de transporte que habían realizado el puente aéreo entre Tetuán y Sevilla, entre julio y septiembre de 1936, para el traslado de 14.000 hombres, entre tropas marroquíes y legionarios.

noviembre 1936

109

Franco ataca Madrid desde la Casa de Campo

Las tropas de Franco han llegado a las proximidades de Madrid por la carretera de Extremadura, tras la terrible batalla de Badajoz, en la que han sido fusilados todos los prisioneros republicanos en la Plaza de Toros, sin ningún tipo de juicio previo.

Los moros y la Legión concentran sus fuerzas en el asalto al Puente de los Franceses, para cruzar allí el río Manzanares y subir por el Parque del Oeste y la Ciudad Universitaria hacia Moncloa, desde donde piensan continuar al ataque definitivo a la capital, avanzando por la calle de la Princesa hasta la Plaza de España y Gran Vía.

Desde las alturas del Paseo de Rosales (en esta fotografía) se pueden observar con detalle los movimientos de los batallones franquistas a través de la Casa de Campo, donde instalan la artillería para lanzar sus bombas hacia los barrios del oeste de la ciudad.

La lucha será muy intensa durante el mes de noviembre. Sin embargo el equilibrio de fuerzas

*entre los dos bandos producirá una estabilidad
en el frente de la Ciudad Universitaria, que no
se interrumpirá hasta los últimos días de la
guerra, cuando los soldados republicanos,
agotados y desmoralizados por la pérdida de
Cataluña, abandonen sus puestos para intentar
escapar en dirección a Valencia y Alicante, los
últimos puertos controlados por el ejército
popular, donde se concentrarán miles de
personas esperando barcos que no llegarán
nunca.*

noviembre 1936

Madrid, junio de 1937. Puesto de Transmisiones de la 21ª Brigada Mixta, al mando del comandante Juan de Pablo Janssen.

junio 1937

Trincheras para defender Madrid

En enero de 1937 las fuerzas franquistas atacan la carretera de La Coruña, a la altura de la
Cuesta de las Perdices, aunque el avance es poco significativo.
Franco intentará entonces atacar la carretera de Madrd-Valencia en la zona de Arganda, en la
famosa batalla del Jarama, para estrangular la ciudad, cortando su única vía de
aprovisionamiento. Eso será en febrero de 1937. Los republicanos frenan el avance a costa de
numerosas bajas. Al mes siguiente Franco lo intenta por el nordeste en la
batalla de Guadalajara, donde los fascistas italianos, encuadrados en el
"Cuerpo de Tropas Voluntarias", son ampliamente derrotados por
el ejército de la República y las Brigadas Internacionales.

113

una noche en

ULTIMA
NOCHE

REVOLUCIONARIO

UN FILM

PELICULA PATROCINADA POR LA ASOCIACION DE AMIGOS DE LA UNION

Madrid. Cine soviético en el Capitol

La mayoría de los rusos que llegan a Madrid en agosto de 1936, al poco tiempo del comienzo de la Guerra Civil, lo hacen como asesores políticos y económicos. En realidad son todos militares, espías y policías de élite, disfrazados de asesores civiles, que se disponen a manejar el formidable material de guerra enviado por Stalin, sobre todo los tanques T 26 y los aviones Polikarpov (cazas "chato" y "mosca"), para apoyar al bando republicano y más concretamente al Partido Comunista. Las películas soviéticas se proyectan en Madrid durante la Guerra Civil, patrocinadas por la Alianza de Intelectuales Antifascistas, presidida por el poeta Rafael Alberti.

Madrid. Tensa calma en Medicina

Soldados del ejército republicano descansan,
jugando al parchís, en las aulas de la
Facultad de Medicina, convertida desde
noviembre de 1936 en trinchera
permanente.
Una vez conquistada una parte de la
Ciudad Universitaria por el ejército de
Franco, en noviembre de 1936, el
frente se estabiliza y permanece sin
apenas alteraciones hasta el final
de la guerra, el 1 de abril de 1939.

diciembre 1936

Salvaguarda del Patrimonio Histórico

Se trasladan al Colegio del Patriarca de Valencia el mayor número posible de obras de arte de toda España, para permitir su conservación y restauración.

Los bombardeos nazis sobre Madrid, en noviembre de 1936, destruyen el palacio de Liria, que comienza a arder mientras que los comunistas del Quinto Regimiento salvan casi todos sus archivos y obras de arte.

Las pinturas y esculturas de Liria son conducidas a Valencia, al Colegio del Patriarca, donde se exponen para que puedan ser vistas por los soldados del ejército popular.

Es un acto de propaganda muy positivo para la República, organizado por Renau. También se trasladan las obras más importantes del Museo del Prado. Renau nombra a María Teresa León, la mujer de Rafael Alberti, como responsable del traslado. Todos los operarios que intervienen en este cometido son comunistas del *Quinto Regimiento*.

Hay que tener en cuenta que la capital de la España republicana es Valencia desde noviembre de 1936, cuando se creía inminente la entrada de Franco en Madrid.

Las obras de arte se guardan en las Torres de Serranos y en el Colegio del Patriarca. La Junta Central del Tesoro Artístico está presidida por Timoteo Pérez Rubio.

A mediados de marzo de 1938, ante el avance de Franco hacia el Mediterráneo, se decide trasladar las obras de arte a Cataluña, pues va a quedar cortada la comunicación entre Valencia y Barcelona.

Colegio del Patriarca, Valencia.
Restauración de tapices llegados de Madrid

*Valencia. Claustro
del Colegio del
Patriarca.
Los milicianos
transportan la
custodia de la
catedral de Baeza*

119

Ataque desde tierra y mar contra Málaga

En Málaga los revolucionarios habían frenado el Alzamiento militar del 18 de julio de 1936. Durante ese año la ciudad se convirtió en ingobernable, por culpa de la extrema violencia aplicada contra los posibles enemigos de la revolución, de los que llegaron a ser fusilados más de 2.500.

La conocida como "república independiente malagueña" no obedeció nunca las órdenes del gobierno central de Largo Caballero, que más tarde la abandonaría a su suerte.

En febrero de 1937 Franco decide tomar la ciudad e inician el avance las tropas del Ejército del Sur, mandado por Francisco María de Borbón, duque de Sevilla, que parte de Estepona.

Sin embargo son las tropas fascistas de Mussolini, unos cinco mil hombres, bajo el mando del general Roatta, quienes primero entran en Málaga.

enero 1937

Las tropas enviadas por Mussolini toman Málaga

El 22 de diciembre de 1936 había comenzado la llegada masiva de voluntarios fascistas italianos, enviados por Mussolini a España. Eran unos tres mil "camisas negras" (así llamados por su uniforme fascista), que desembarcan en Cádiz, a los cuales se agregan el 30 y 31 de diciembre tres mil más y otros dos mil durante el mes de enero. Al frente de estas tropas se sitúa el general Mario Roatta, que será conocido en España por el apodo de *Mancini*.

La campaña contra Málaga se realiza con el apoyo de los abundantes medios motorizados italianos, lanzándolos rápidamente sobre la bella ciudad costera, a través de las diversas carreteras que confluyen en ella, una vez salvados los puertos de montaña que la rodean.

Se organizan tres columnas, al mando del coronel Rivolta, general Rossi y coronel Guassardo, dejando una reserva propia, al mando del coronel Salvi. En total son catorce batallones (llamados *banderas* en italiano), tres compañías de carros y trece baterías.

Desde el aire apoyan el ataque cuarenta y nueve aviones enviados por Mussolini.

Las últimas horas de la ocupación revolucionaria de Málaga no pudieron ser más dramáticas.

Aunque se tenía noticia de que habían partido de Cartagena algunos buques, para ayudar en la defensa de la ciudad, la única realidad eran los tres barcos enemigos frente al puerto, disparando con sus cañones y ametralladoras, y los cazas italianos, sobrevolando las defensas malagueñas.

Los revolucionarios lo abandonan todo e inician un drámatico éxodo hacia la carretera de Almería. Los milicianos que retroceden hacia Málaga se encuentran la ciudad en un caos absoluto y deciden recoger a sus familiares e intentar huir por dicha carretera de Almería, la única escapatoria posible.

Algunos desalmados asaltan los escasos vehículos que circulan, siendo los más débiles atropellados por aquel apocalíptico éxodo de unos soñadores violentos que quisieron ser una pequeña república independiente.

La entrada de las tropas italianas tiene lugar en las primeras horas del día 8 de febrero de 1937. Lo hacen las columnas centro y derecha, de Rossi y Rivolta; y poco más tarde la del coronel Borbón, mientras la escuadra franquista toma posesión del puerto. El mismo día se ocupa Vélez-Málaga.

El día 9 avanzan los nacionales por la costa, hacia Torre del Mar, Nerja y Almuñécar. El día 10 cae Motril, dándose por terminada la operación.

enero-febrero 1937

123

La batalla del Jarama

Tras los intentos fallidos para lograr el estrechamiento del cerco de Madrid, las fuerzas de Franco desisten de todo ataque frontal a la capital. En el Jarama se concentra lo mejor de los dos ejércitos: frente a los carros de combate enviados por Alemania e Italia, los republicanos disponen de artillería antitanque de 45 mm, de reciente

fabricación soviética. El ataque nacional está previsto para el 24 de enero de 1937, pero unos días de inesperadas lluvias torrenciales retrasan el comienzo de la batalla hasta el 6 de febrero. La operación nacional se planea como un ataque frontal y fulgurante, de más de 20.000 hombres, apoyados por los aviones alemanes de la Legión

Cóndor, que obliga al ejército popular a cruzar el río Jarama hacia el este.

La batalla del Jarama discurre entre el 6 y el 28 del mes de febrero de 1937 y deja 20.000 muertos en el ejército franquista, masacrados por el fuego letal de los cazas y bombarderos soviéticos (Polikarpov I-15 e I-16 y Katiuskas SB-2).

Los republicanos sufren un número de bajas semejante, atacados por las ametralladoras y explosivos de los cazas y bombarderos italianos (Fiat CR-32 y Savoia-81) y los aviones de combate enviados por Hitler desde la Alemania nazi (Heinkel- 41 y Junkers-52).

El día 11 de febrero los marroquíes de Franco, a las 3 de la madrugada, descienden silenciosamente de las alturas de La Marañosa hasta el caserío de La Boyeriza y se deslizan como serpientes para matar a cuchillo a todos los brigadistas internacionales de una compañía francesa de la XII Brigada Internacional. Como resultado del equilibrio de fuerzas, el día 28 de febrero ambos bandos dan por finalizada la batalla.

febrero 1937

121

La Legión Cóndor

En febrero de 1937 Hitler ordena enviar a España esta nueva máquina de matar. Se trata del terrible bombardero Heinkel He 111, con su característica ametralladora de proa. Entran pronto en combate al convertirse la batalla del Jarama en un enfrentamiento de posiciones fijas y desgaste, donde lo único importante es aniquilar al adversario con toneladas de bombas.

El Heinkel He 111 lleva dos motores Daimler Benz, que le permiten alcanzar los 370 kilómetros por hora. Transporta una carga letal de dos toneladas de bombas.

La Legión Cóndor, creada en octubre de 1936, actuó al principio con gran autonomía con respecto al mando aéreo central, que ostentaba el general Kindelán.

Desde 1937 se incorporan a la Legión Cóndor los bombarderos Heinkel-111, superiores a los "katiuskas" soviéticos, y los cazas "Messerschmidt 109", con prestaciones semejantes a los cazas rusos Polikarpov I-16 (moscas).

febrero 1937

Los nazis prueban un nuevo bombardero

Es el nuevo bombardero experimental, fabricado en Alemania para conseguir la máxima capacidad de destrucción del enemigo. Su nombre es el "Dornier Do 17".
Las primeras aeronaves llegan a España para ser utilizadas en la unidad experimental de bombardeo de la Legión Cóndor, llamada la Vb/ 88.
Al avión le han apodado como el "lápiz volador" y se incorporan varias unidades en febrero de 1937 para la batalla del Jarama.
Es la obra maestra de la ingeniería aeronaútica del III Reich. Puede transportar 750 kilos de bombas y es

El origen de la Legión Cóndor se remonta a la reunión de octubre de 1936 que mantuvieron Franco y el jefe del espionaje alemán, almirante Wilhelm Canaris, en Salamanca.
En esta reunión, Canaris comunicó a Franco un mensaje personal de Hitler, en el que exponía su preocupación por la calidad y cantidad del armamento soviético que estaba llegando al bando republicano, sobre todo en el ámbito de la guerra aérea y la necesidad inminente de dotar al ejército franquista de nuevos y eficaces aviones de caza y bombarderos, que pudieran enfrentarse con éxito a los Polikarpov y Katiuskas enviados por Stalin.

también utilizado para labores de reconocimiento,
por su sofisticado equipo fotográfico.
Lleva dos motores BMW y alcanza una velocidad
máxima de 400 km/ hora, llegando en picado a los
550 km/ hora.

febrero 193

Durante febrero de 1937 las tropas enviadas por Mussolini desde Italia se preparan en las cercanías de Sigüenza para atacar Guadalajara, como un primer paso para avanzar hacia Alcalá de Henares y completar posteriormente el cerco y toma de Madrid, uniéndose a las fuerzas de Franco situadas en el Jarama. Los soldados italianos son los mejor pertrechados de la Guerra Civil y disponen de armamento técnicamente avanzado. Aún así su mayor error es menospreciar al ejército de la República, cuya organización y eficacia han mejorado considerablemente, gracias al armamento y asesores militares venidos de la Unión Soviética.

marzo 1937

La batalla de Guadalajara

Guadalajara: la gran derrota de los italianos

Las tropas italianas del CTV (Cuerpo de Tropas Voluntarias) habían conseguido un éxito fácil en Málaga, apoderándose de la ciudad andaluza casi sin bajas, debido a la extrema desorganización de los milicianos, que habían llevado a la ciudad al borde de la anarquía.

Creyendo que las tropas republicanas situadas alrededor de Madrid iban a estar tan desmoralizadas como las malagueñas, se lanzan alegremente al ataque el día 7 de marzo, en unas condiciones meteorológicas muy adversas, con un temporal de nieve que hace intransitables los caminos e imposibilita el despegue de los cazas y bombarderos de Mussolini.

A pesar de todo, el inicio de la operación se salda con la toma de Brihuega, el día 10 de marzo de 1937, y de Trijueque y el Palacio de Ibarra al día siguiente.

En ese momento llegan los tanques rusos y las Brigadas Internacionales XI y XII, que frenan en seco el avance italiano produciendo numerosas bajas.

En la noche del día 12 se reúne en Torija la plana mayor republicana, que incluye a los generales rusos Goriev, Paulov y Meretskov. Un prisionero italiano ha confesado que sus compañeros están acobardados y que la moral de los fascistas italianos es muy baja. En vista de ello el general Miaja decide comenzar una poderosa contraofensiva.

El día 18 los italianos se retiran desordenadamente de Brihuega, abandonando numerosos tanques y cañones.

Se cuenta que "El Campesino" cogió a unos cuantos prisioneros italianos, haciendo como si los fuese a fusilar. Les vendó los ojos y dio la orden de dispararles uno a uno, aunque realmente no había nadie apuntándoles, mientras que él les pinchaba con la punta afilada de un lapicero, lo que les hacía caer al suelo, como muertos, fulminados por la sugestión.

18 marzo 1937

mienza la campaña del Norte

134

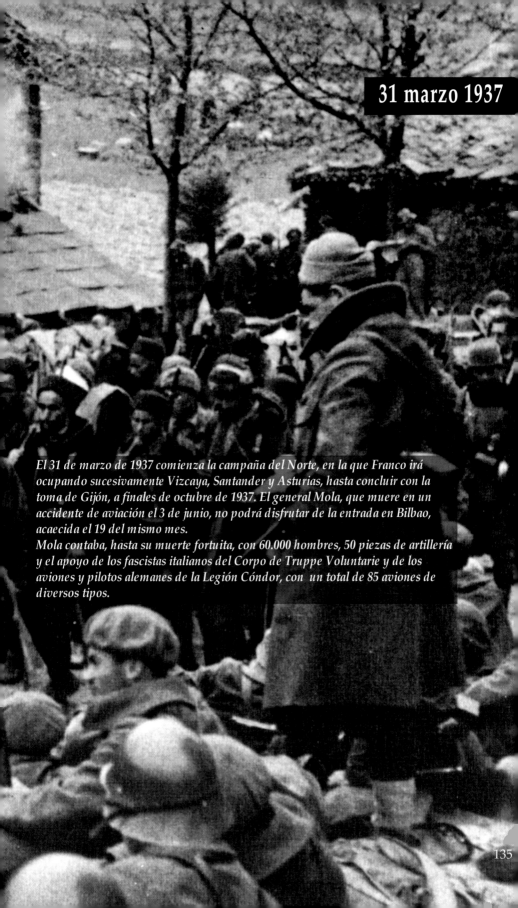

31 marzo 1937

El 31 de marzo de 1937 comienza la campaña del Norte, en la que Franco irá ocupando sucesivamente Vizcaya, Santander y Asturias, hasta concluir con la toma de Gijón, a finales de octubre de 1937. El general Mola, que muere en un accidente de aviación el 3 de junio, no podrá disfrutar de la entrada en Bilbao, acaecida el 19 del mismo mes.

Mola contaba, hasta su muerte fortuita, con 60.000 hombres, 50 piezas de artillería y el apoyo de los fascistas italianos del Corpo di Truppe Voluntarie y de los aviones y pilotos alemanes de la Legión Cóndor, con un total de 85 aviones de diversos tipos.

Muchachos que escapan de la muerte

marzo 1937

Al ir avanzando las tropas franquistas en la zona norte, los niños comienzan a ser evacuados. Salen de Bilbao, de Santander y de Gijón, tanto al extranjero como a las zonas que la República mantiene en su poder, donde en septiembre de 1937 había 564 colonias, que daban protección a casi 50.000 niños. Algunos están asustados, otros lo sienten como una gran aventura.

Además, 30.000 niños son enviados al extranjero, sobre todo a Francia (11.000), Bélgica (3.000) y la Unión Soviética (3.000). También viajan a Inglaterra, Suiza, Dinamarca y México, adonde llega el contingente conocido como los 500 "niños de Morelia".

Dramática es la separación de los padres, que se quedan solos, para enfrentarse a los temibles bombardeos de aviones alemanes e italianos, cuyos pilotos han venido a nuestra guerra orgullosos de su gran tecnología y con evidente desprecio por nuestro pobre armamento.

marzo 1937

Mujeres y niños huyen a Francia

Durante el mes de marzo de
1937 se van concentrando
miles de soldados
franquistas en el frente
norte, para comenzar el
asalto a Bilbao.
El 31 de marzo del 37 los
aviones alemanes Junkers
52, Heinkel 111 y Dornier
17, enviados por Hitler e
integrados en la Legión
Cóndor, bombardean la
población de Durango,
completamente indefensa.
Ante esta avalancha de
terror muchas madres cogen
a sus pequeños y huyen a
Francia.
Cualquier barco sirve para
la travesía que pueda
salvarles la vida.

139

Bombardeos sobre Bilbao y Guernica

Antes de empezar la definitiva guerra del Norte, en la que Franco y sus generales debían tomar Vizcaya, Santander y Asturias, Mola había declarado: "Los que no sean culpables de asesinatos y rindan sus armas verán vidas y propiedades respetadas. Pero si la sumisión no es inmediata, arrasaré

toda Vizcaya hasta que no quede piedra sobre piedra, empezando por las industrias de guerra".

El 31 de marzo los aviones de la Legión Cóndor bombardean la población de Durango, el cruce de trenes y carreteras más importante del País Vasco.

Una bomba mata a catorce monjas en la capilla de Santa Susana. La iglesia de los jesuitas es bombardeada mientras que el sacerdote reparte la comunión.

Es la primera vez en la historia que una ciudad indefensa sufre un bombardeo implacable del enemigo.

El 26 de abril de 1937 en Guernica, situada a 15 kilómetros del frente, se acumulaban los refugiados civiles y muchos soldados en retirada.

A las cinco menos veinte, un Heinkel 111, con 1.400 kilos de bombas y pilotado por el comandante Moreau, bombardeó el pueblo y desapareció. Volvió al poco tiempo con otros tres aviones del mismo modelo.

Después de los Heinkel realizaron sus pasadas mortíferas tres escuadrillas de los viejos bombarderos Junkers 52 (23 aviones), dirigidos por los tenientes Knauer, Beust y Krafft, algunos nuevos cazas Messerschmidt BF-109 y otros antiguos, como los Heinkel 51.

Los cazas no sólo cumplieron su misión de escoltar a los bombarderos sino que ametrallaron a todos los ciudadanos que tuvieron a tiro.

Varias oleadas de aviones lanzaron bombas incendiarias contra Guernica, que quedó casi completamente destruida. Se salvaron de forma milagrosa la Casa de Juntas y la iglesia de Santa María.

Tres días más tarde, el 29 de abril, caía Guernica en manos de las tropas nacionales, siendo los primeros en entrar los soldados italianos.

El *Guernica* de Pablo Picasso, encargo del gobierno de la República para el pabellón español de la Exposición Universal de París de 1937, pasará a ser desde entonces un símbolo de denuncia ante la barbarie.

Bombardeos sobre Bilbao.

Robert Capa.

abril 1937

141

La destrucción total de Guernica

El 26 de abril de 1937 aviones nazis de la Legión Cóndor, modelos Junkers y Heinkel, comienzan por la tarde el arrasador ataque a Guernica, en Vizcaya, nudo importante de comunicaciones y símbolo del pueblo vasco, por su Casa de Juntas y el legendario roble que crece junto a ella.

A las 4,15 de la tarde comienza el bombardeo. Un bimotor alemán Heinkel 111 sobrevuela Guernica y bombardea el Puente de Rentería con escaso éxito. Gran parte de los habitantes de Guernica consiguen huir a bosques cercanos, antes de que la ciudad sea destruida en la siguiente oleada de aviones: 19 bombarderos Junkers Ju 52 escoltados por 5 cazas Messerschmitt y otros 5 Fiat Cr 32.

Las casas comenzaron a arder a causa de las bombas incendiarias y nada pudieron hacer los bomberos que llegaron desde Bilbao, ya que pronto regresaron a sus bases, a las tres de la

madrugada, por miedo a ser hechos prisioneros, ya que se encontraban muy próximas las tropas fascistas italianas y otras fuerzas enemigas.

En total intervinieron en el bombardeo de Guernica hasta 33 aviones, una cantidad muy pequeña comparada con los 1.200 aviones ingleses y norteamericanos que bombardearon Dresde (Alemania) en la Segunda Guerra Mundial.

La opinión pública internacional se escandalizó por la masacre y la República supo utilizar la noticia para recibir apoyos que se le negaban hasta el momento.

El mando militar franquista quiso atribuir en exclusiva la responsabilidad del bombardeo al jefe de la Legión Cóndor, el general Richthofen, aunque se conservan documentos que confirman entrevistas de Richthofen con el coronel Vigón, jefe de Estado Mayor, y con los generales Dávila y Mola, en las horas anteriores al ataque.

Comunistas contra anarquistas en Barcelona

En mayo de 1937 estalla una guerra civil interna en el bando republicano. Tras el asesinato en Barcelona de un comunista del PSUC y de un anarquista, se suspenden los actos de celebración del 1º de Mayo.

El día 3 estalla el conflicto al personarse en el edificio de Telefónica, controlado por los anarquistas de la CNT, el Comisario de Orden Público de Barcelona, Eugenio Rodríguez Salas, con la intención de desalojarlos.

Barcelona se convierte al anochecer en una ciudad en guerra. Por una parte los anarquistas y los comunistas del POUM (trotskistas), y por otra los comunistas del PSUC y las fuerzas del orden republicanas.

El 6 de mayo llega al puerto de Barcelona el acorazado "Jaime I", enviado desde Valencia con 4.000 Guardias de Asalto, reflejados en esta fotografía, que obligan a rendirse a los milicianos anarquistas y a los integrantes del POUM, que irán siendo torturados y asesinados por la policía secreta soviética sin dejar rastro, como ocurrió con su líder Andreu Nin.

El barco "Ciudad de Barcelona" es hundido, el 30 de mayo de 1937, por los torpedos del submarino italiano "Torricelli", que le alcanza a la altura de la tercera bodega. Se hunde en tan sólo 3 minutos. Mueren ahogados sus doscientos pasajeros.

La tragedia del "Ciudad de Barcelona"

Mussolini había vendido a Franco algunos submarinos como
éste, llamado "Torricelli", que hundió al barco mercante
"Ciudad de Barcelona" el 30 de mayo de 1937, cuando
navegaba cerca de Malgrat.
El "Ciudad de Barcelona" había cubierto, hasta el comienzo de
la Guerra Civil, la línea Barcelona-Canarias. Durante la guerra
se dedicaba a recoger voluntarios de las Brigadas
Internacionales en el Mar Negro, Argel y Marsella, en su
mayoría aviadores que querían ayudar a la República.
Posteriormente el submarino cambiaría su nombre italiano
original por el de "General Sanjurjo".

mayo 1937

El submarino "Torricelli" siembra el terror

Huesca resiste los ataques republicanos

El 12 de junio de 1937 las fuerzas populares bombardean Huesca, en una ofensiva desesperada por la conquista de las tres capitales aragonesas, que habían sido franquistas desde el primer día del Alzamiento Nacional.

Huesca había quedado semicercada poco tiempo depués del golpe militar del 18 de julio de 1936. La guarnición franquista era muy escasa y contuvo el ataque alegre y desordenado de las primeras milicias anarquistas, que llegaban desde Barcelona. Huesca quedó unida a la zona nacional tan sólo por un estrecho corredor de ocho kilómetros de largo por dos de ancho, en la carretera de Jaca, batido con frecuencia por los cañones republicanos.

Sin duda el ataque más fuerte contra la ciudad se desata en junio de 1937.
En la batalla muere el jefe de las fuerzas republicanas en la zona, general "Lukacs".
El asedio continuó hasta marzo del año siguiente, sin que los atacantes pudieran ocupar la ciudad.

junio 1937

151

El avance de Franco hacia Bilbao

Tras el bombardeo de Guernica, el 26 de abril de 1937, el presidente vasco José Antonio de Aguirre, llama a siete nuevos reemplazos, creando cuatro Divisiones y doce Brigadas y, poco después, una quinta División. Se cuenta también con seis Brigadas santanderinas y asturianas. Lo lamentable es la total carencia de aviones y el escaso número de piezas de artillería, con sus municiones, muy inferior a las que puede disponer el ejército de Franco.

Las obras del Cinturón de Hierro alrededor de Bilbao han comenzado en octubre de 1936, bajo la dirección del teniente coronel Montaud.

Franco consigue suficientes informes sobre esta fortificación como para saber dónde están sus puntos débiles.

Primero son los cónsules de Austria y Paraguay los que pasan datos al servicio de espionaje nacional; luego el capitán Murga es fusilado tras comprobar el gobierno vasco que había enviado al enemigo algunos planos; por fin, el capitán Goicoechea (quien años más tarde inventaría el tren "Talgo") se pasa con todos los dibujos del Cinturón de Hierro al bando franquista, proporcionando los datos necesarios para no errar en el ataque.

junio 1937

Ondárroa (Vizcaya), destrucción del puente romano.

Bilbao cae en manos de Franco

El 29 de mayo de 1937 la IV Brigada de Navarra ocupa Peña
Lemona, en una acción previa al asalto del Cinturón de
Hierro.
Sin embargo, el mal tiempo que está haciendo durante la
primavera obliga al ejército franquista a retrasar unos días
el ataque definitivo a Bilbao.
El general Mola, jefe del Ejército del Norte,
fallece en accidente de aviación el 3 de
junio de 1937. Le sustituye
Fidel Dávila.

Mientras, por parte de los vascos, el general Gámir organiza la defensa, con algunos refuerzos en aviones y cañones que han llegado las últimas semanas.

El asalto al Cinturón de Hierro se produce los días 11 y 12 de junio, atacando de forma brutal, con los aviones de la Legión Cóndor y los cañones enviados por Alemania, el punto más débil de la defensa republicana, y entrando los nacionales en tromba hasta desarticular en pocos días las posiciones vascas, con menor resistencia que la esperada. Gámir solicita entonces ayuda a los ejércitos de Asturias y Santander, pero sólo tres brigadas entran en combate antes de la definitiva caída de la capital vasca.

La moral se desploma en los corazones de los bilbaínos y casi todos piensan en la rendición, para evitar la destrucción de la ciudad y de su riquísima industria.

El día 16 de junio, tras la llegada de las tropas nacionales a Archanda, el gobierno vasco abandona Bilbao, que el 18 se queda sin luz ni agua. El día 19 de junio cae en poder de Franco, quien a partir de ese momento incorpora a su zona los Altos Hornos de Vizcaya y la industria armamentística vasca.

En esta fotografía: tras la voladura del puente de Isabel II, los pontoneros nacionales construyen un puente de barcazas para permitir a sus tropas el cruce de la ría.

19 junio 1937

155

El "Guernica" de Picasso en París

GUERNICA

julio 1937

El 12 de julio
de 1937 se inaugura el Pabellón Español
en la Exposición Internacional de París.
El "Guernica" de Picasso recuerda la tragedia de la histórica ciudad vasca, arrasada por los
bombardeos de los aviones nazis.
En la fotografía vemos, entre otros, al presidente vasco, José María Aguirre (1), al comisario del
Pabellón Español, el filósofo José Gaos (2), y al Comisario vasco, el pintor José María Ucelai (3).

Bilbao no ha dejado de ser católica

Desde el 1 de octubre de 1936 el País Vasco tiene Estatuto de Autonomía, aunque tan sólo se puede aplicar en la provincia de Vizcaya, ya que la mayor parte de Álava ha quedado del lado franquista desde el comienzo de la Guerra Civil y Guipúzcoa ha sido conquistada

por el general Mola entre agosto y septiembre de 1936.
Las contradicciones del PNV (Partido Nacionalista Vasco) han sido muy graves desde el inicio de la guerra. Hasta septiembre del 36 Mola ha permitido que los militantes

del PNV sigan con sus actividades en los territorios controlados por los militares golpistas, como Álava y Navarra. Muchos nacionalistas alaveses apoyan el Alzamiento y son numerosos los nacionalistas navarros que se integran en las milicias requetés.

Son conservadores y católicos y su ideología está muy lejos del comunismo y anarquismo. Una vez Bilbao en manos franquistas se potencian aún más los ritos religiosos, para intentar que se olvide la pérdida del Estatuto de Autonomía.

Brunete, la batalla de la sed

Los mandos del Ejército Popular, que ha crecido en fuerza y prestigio en el Centro, planean una maniobra audaz y muy rápida, que consiste en concentrar hombres y armamento en una dinámica de ataque que comienza la noche del 5 al 6 de julio de 1937, con la toma de Villanueva de la Cañada y sigue con la ocupación de Brunete.

En la fotografía: antitanques soviéticos recién llegados de Rusia para la batalla de Brunete.

Los nacionales, aunque sorprendidos por la solidez del ataque enemigo, reaccionan pronto y resisten, tanto en Sevilla la Nueva como en Villafranca del Castillo y Boadilla del Monte, donde Franco va a situar su Cuartel General durante la batalla.

Se entabla entonces un dramático enfrentamiento de desgaste, que causa 28.000 bajas en el bando republicano y 16.000 nacionales. Son tres semanas bajo un sol implacable que tortura a los hombres con calor y sed insoportables.

Por parte republicana luchan dos cuerpos de ejército, el V de Modesto y el XVIII, de Jurado, que incluyen cinco divisiones, entre ellas las de Líster y de "El Campesino", con un total de 60.000 hombres, 120 tanques, 60 bombarderos y 60 cazas.

Las tropas nacionales del general Varela atacan con las divisiones 12, 13 y 15, de Asensio, Barrón y Sáenz de Buruaga. Entre el 19 y el 26 de julio reconquistan Brunete, recuperando unas posiciones semejantes a las que tenían antes de la batalla, que ha servido a Franco para desgastar al ejército popular, que en esta ocasión ha demostrado sus mejoras en estrategia y armamento.

julio 1937

161

julio 1937

La Legión Cóndor en Brunete

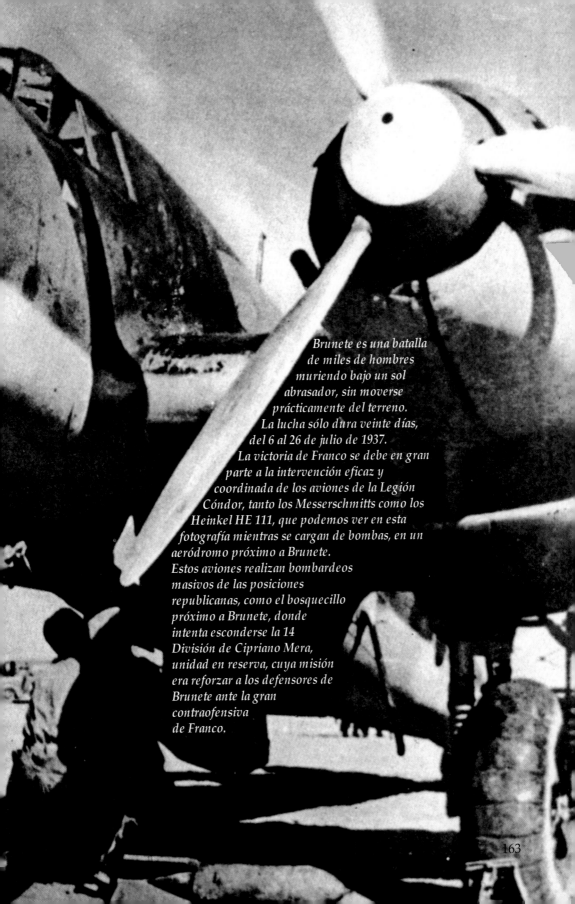

Brunete es una batalla
de miles de hombres
muriendo bajo un sol
abrasador, sin moverse
prácticamente del terreno.
La lucha sólo dura veinte días,
del 6 al 26 de julio de 1937.
La victoria de Franco se debe en gran
parte a la intervención eficaz y
coordinada de los aviones de la Legión
Cóndor, tanto los Messerschmitts como los
Heinkel HE 111, que podemos ver en esta
fotografía mientras se cargan de bombas, en un
aeródromo próximo a Brunete.
Estos aviones realizan bombardeos
masivos de las posiciones
republicanas, como el bosquecillo
próximo a Brunete, donde
intenta esconderse la 14
División de Cipriano Mera,
unidad en reserva, cuya misión
era reforzar a los defensores de
Brunete ante la gran
contraofensiva
de Franco.

La batalla de Belchite

En agosto de 1937 Belchite (cerca de Zaragoza), era una ciudad de unos 3.400 habitantes. La guarnición franquista era aproximadamente de 2.000 hombres. El gobierno republicano intenta, con un ataque frontal hacia Zaragoza, restar fuerza a Franco, que está a punto de conquistar Santander. La guarnición franquista resiste casa por casa y habitación por habitación durante cinco dramáticos días. Se van replegando hacia los edificios más sólidos, como la iglesia y el Ayuntamiento. La batalla ha comenzado el 23 de agosto. El general Pozas, al mando del ejército catalán, no es capaz de llegar hasta Zaragoza. El 5 de septiembre Franco autoriza a los defensores de Belchite a rendirse. Lo hacen el día 6 e intentan escapar del cerco unos trescientos militares. Casi todos mueren antes de conseguirlo.

agosto-septiembre 1937

Italianos y alemanes contra Santander

En julio, Franco debe paralizar el avance hacia Santander, ya que el ejército republicano ha desencadenado una gran batalla al oeste de Madrid, en Villanueva de la Cañada, Sevilla la Nueva y Brunete, concluida con la recuperación del terreno por los nacionales y una enormes pérdidas humanas en ambos bandos.

El 14 de agosto, tras una demoledora preparación artillera contra las posiciones republicanas, comienza la campaña de Santander, con la colaboración de los aviones de la Legión Cóndor, carros de combate y baterías antiaéreas de 88 mm.

Todo este armamento alemán y los militares que lo manejan están a las órdenes del general Solchaga, cuyo primer objetivo es la ocupación de Reinosa.

El día 16 de agosto llegan al Puerto del Escudo, como refuerzo de la campaña de Santander contra la República, más combatientes extranjeros. Son las fuerzas fascistas italianas, integradas en el CTV (Cuerpo de Tropas Voluntarias), de una gran vistosidad en sus uniformes y medios motorizados muy modernos y abundantes.

Mussolini ha ido enviando numerosos soldados italianos a la guerra de España, dotados del mejor armamento de la época. Ya en el mes de febrero de 1937 habían llegado cuatro divisiones (una del ejército italiano propiamente dicho y tres de milicias fascistas), hasta completar un total de 50.000 hombres.

Los italianos consiguen rendiciones en masa de los soldados republicanos, muy poco motivados en la defensa de Santander, ya que la ideología de la población civil es de derechas, muy próxima al Movimiento Nacional.

El día 24 de agosto cae Torrelavega. Al día siguiente huyen como pueden los altos mandos republicanos y las fuerzas de Orden Público se hacen cargo de la situación, para entregar la ciudad a las tropas de Franco.

La campaña finaliza el 1 de septiembre, con la ocupación de los últimos pueblos en la línea de separación entre los territorios de Santander y Asturias.

El capitán de una escuadrilla alemana de aviones Heinkel 112, integrada en la Legión Cóndor, da instrucciones a sus pilotos para el ataque a las posiciones republicanas durante la campaña de Santander.

agosto 1937

El día 25 de agosto entran en Santander las tropas italianas enviadas en ayuda de Franco por Mussolini, con sus caraterísticos carros ligeros modelo Fiat-Ansaldo CV 33-35 .
La población les aclama levantando el brazo con el saludo fascista.

167

Tras la ocupación de Santander, Asturias queda acorralada y abandonada a su suerte por el resto de fuerzas republicanas, muy alejadas de la zona para poder ayudar en su defensa a los camaradas asturianos. Los más altos dirigentes socialistas deciden erigirse en Consejo Soberano, independiente del gobierno de Valencia, y organizar sus fuerzas de combate, compuestas por 80.000 hombres, entre los que se cuentan los mineros, especialistas en el uso de explosivos y de alta moral combativa.

Asturias queda acorralada y abandonada a su suerte

A primeros de
septiembre de 1937 comienza el ataque de las
tropas nacionales, compuestas por más de 110.000 hombres,
bien equipados y apoyados por los cazas y bombarderos alemanes e
italianos.
En la fotografía: la 1ª y la 4ª Brigada Navarra se dirigen hacia
Covadonga, a través de los Picos de Europa. La resistencia es muy
fuerte pero las tropas de Franco avanzan
lentamente hacia el corazón de Asturias,
llegando al santuario de
Covadonga el 1 de
octubre.

septiembre 1937

El 16 de septiembre de 1937 las tropas de Franco llegan desde León al Puerto de Pajares, para iniciar la ocupación de Asturias y conseguir controlar toda la zona norte.

Los cazas alemanes de la Legión Cóndor se encargan de proteger los avances de las tropas de Franco, atacar a los núcleos de resistencia republicana y derribar los escasos aviones que le quedan al enemigo.

El avance de las tropas nacionales se realiza en tres fases: en la primera, desde el 1 al 20 de septiembre, alcanzan la sierra de Cuera y la línea del Bedón. En la siguiente fase, entre el 20 de septiembre y el 10 de octubre llegan a la línea del río Sella, tomando Ribadesella el 27 de septiembre y los puertos de San Isidro, Tarna y Ventaniella. La tercera y última fase transcurre del 11 al 21 de octubre, día en que finaliza la Campaña del Norte, tras la ocupación por las tropas de Franco del puerto de Gijón y la destrucción de los últimos focos de resistencia izquierdista.

Las montañas dificultan la conquista de Asturias

septiembre 1937

octubre 1937

Oviedo ha resistido todos los ataques

EL 21 de octubre de 1937 Franco da por terminada la conquista de Asturias.
Ha sido mucho más difícil que la ocupación de Santander, en donde no murieron apenas
soldados italianos atacantes, en una campaña que a todos pareció un paseo militar.
Un año antes, en octubre del 36, los soldados de Franco habían conseguido llegar a Oviedo,
donde el coronel Aranda resistía desde los primeros momentos del golpe militar. Oviedo había
sido asediada durante 90 días y tan sólo gracias al socorro de las columnas gallegas y de
compañías marroquíes, enviadas especialmente por el general Franco, se logra salvar para
los nacionales la capital de Asturias.
Franco ordena que la primera columna gallega salga de Lugo el 28 de julio y siga el
camino de la costa. El 1 de agosto otras fuerzas nacionales parten de Ponferrada.
Las columnas gallegas tardan nada menos que 37 días en recorrer tan sólo 25 km para
llegar a Oviedo.
El 17 de octubre de 1936 se cruza el Nora y se alcanza la sierra del Naranco, que
protege Oviedo por el norte. A las siete y media de la tarde entran los nacionales
en la ciudad, que había quedado convertida en un montón de escombros. Esta
victoria sirve a Franco para controlar, desde la propia capital de Asturias, los futuros
movimientos estratégicos para la recuperación total de los territorios del norte.
El 21 de octubre de 1937 los combatientes franquistas toman definitivamente Gijón,
forzando el intento de huida por mar de miles de milicianos, que se amontonan en los
escasos barcos que logran salir del puerto.

173

El 21 de octubre de 1937 las fuerzas nacionales, al mando de Aranda y Solchaga, entran en Gijón.
El desorden de los últimos días precipita el final de la lucha. Se crea una situación de pánico colectivo entre los milicianos y soldados del ejército republicano. Tan sólo pueden huir del enemigo por mar pero no hay suficientes barcos. Los soldados rasos han visto cómo los hombres importantes del Consejo de Asturias han huido y les han dejado solos ante la caída inminente del último reducto republicano en el norte de España. Sólo queda la posibilidad de refugiarse en las montañas, donde lo hacen 18.000 guerrilleros, con algunos de los soldados rusos, al mando del general Gorev.
Las embarcaciones salen del puerto atestadas de refugiados y algunas se hunden por el sobrepeso.
El navío " José Luis Díez" logra salir indemne del ataque aéreo de los cazas alemanes y llega pocos días después a El Havre pero el "Císcar" es hundido en el Musel, por una bomba de aviación.

Cae Gijón y acaba la Campaña del Norte

octubre 1937

La población civil huye de Teruel

Tras la pérdida de Asturias, en octubre de 1937, toda la zona norte de España queda en manos de Franco.

Se inicia entonces un período de tregua que los nacionales aprovechan para organizar un nuevo ataque sobre Madrid.

Van situándose gran número de tropas franquistas en el valle del río Jalón y en la localidad soriana de Medinaceli. Es un intento parecido a la batalla de Guadalajara, de marzo del 37, aunque con más efectivos.

Sin embargo, los altos mandos militares de la República deciden atacar Teruel, la más meridional de las capitales aragonesas.

El gobierno republicano se traslada de Valencia a Barcelona, porque teme un ataque de Franco desde Teruel a Castellón para cortar en dos los territorios de la República.

No quieren quedarse lejos de la frontera con Francia, que les ha de servir para
escapar, en el caso de perder la guerra.

Se desencadena, en la Navidad de 1937, la terrible batalla de Teruel, que se
distinguirá del resto de los grandes combates de la Guerra Civil por las durísimas
condiciones meteorológicas, muy semejantes a las insoportables heladas durante la
campaña de Hitler en Rusia, en tiempos de la II Guerra Mundial.

Los habitantes de Teruel
escapan de una muerte segura,
alejándose de la gran batalla
que se avecina.

Navidad 1937

El ejército republicano ataca Teruel

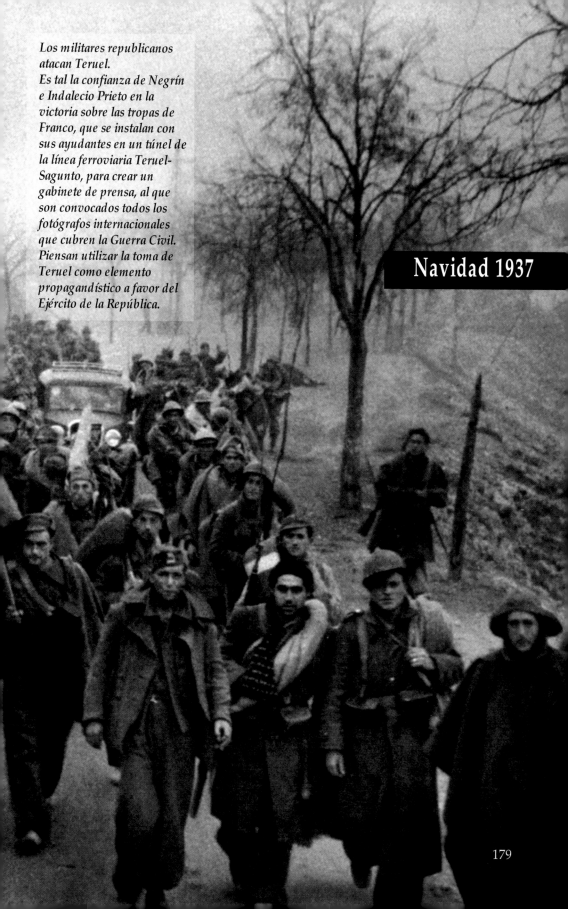

Los militares republicanos atacan Teruel.
Es tal la confianza de Negrín e Indalecio Prieto en la victoria sobre las tropas de Franco, que se instalan con sus ayudantes en un túnel de la línea ferroviaria Teruel-Sagunto, para crear un gabinete de prensa, al que son convocados todos los fotógrafos internacionales que cubren la Guerra Civil. Piensan utilizar la toma de Teruel como elemento propagandístico a favor del Ejército de la República.

Navidad 1937

179

Decisiva intervención de los tanques rusos

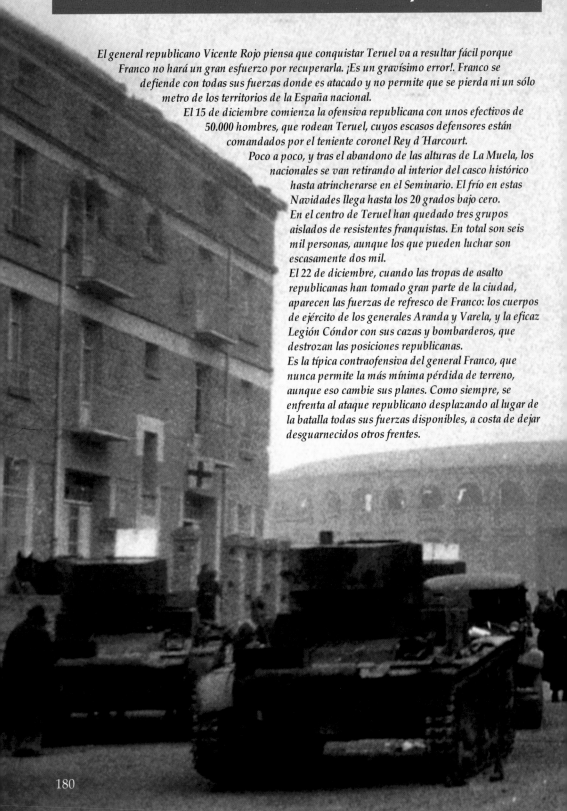

El general republicano Vicente Rojo piensa que conquistar Teruel va a resultar fácil porque Franco no hará un gran esfuerzo por recuperarla. ¡Es un gravísimo error!. Franco se defiende con todas sus fuerzas donde es atacado y no permite que se pierda ni un sólo metro de los territorios de la España nacional.

El 15 de diciembre comienza la ofensiva republicana con unos efectivos de 50.000 hombres, que rodean Teruel, cuyos escasos defensores están comandados por el teniente coronel Rey d'Harcourt.

Poco a poco, y tras el abandono de las alturas de La Muela, los nacionales se van retirando al interior del casco histórico hasta atrincherarse en el Seminario. El frío en estas Navidades llega hasta los 20 grados bajo cero.

En el centro de Teruel han quedado tres grupos aislados de resistentes franquistas. En total son seis mil personas, aunque los que pueden luchar son escasamente dos mil.

El 22 de diciembre, cuando las tropas de asalto republicanas han tomado gran parte de la ciudad, aparecen las fuerzas de refresco de Franco: los cuerpos de ejército de los generales Aranda y Varela, y la eficaz Legión Cóndor con sus cazas y bombarderos, que destrozan las posiciones republicanas.

Es la típica contraofensiva del general Franco, que nunca permite la más mínima pérdida de terreno, aunque eso cambie sus planes. Como siempre, se enfrenta al ataque republicano desplazando al lugar de la batalla todas sus fuerzas disponibles, a costa de dejar desguarnecidos otros frentes.

Cuando el día 31 de diciembre la contraofensiva franquista está a punto de recuperar Teruel, con las tropas republicanas completamente desmoralizadas (se fusilaron a más de 60 soldados por insubordinación), el frío y la nieve paralizan a las tropas de Franco.

Sólamente en el Seminario tienen los franquistas 550 heridos. Los problemas de víveres, enfermos y población civil moribunda hacen imposible la resistencia.

A partir del 5 de enero falta el agua. Apenas hay alimentos y medicinas. Heridos y enfermos se hacinan y brotan focos epidémicos. Las infecciones se extienden con carácter alarmante y en un sólo día mueren veintidós niños, que estaban cobijados en los sótanos del Seminario.

Contra los pocos edificios en los que resisten los soldados nacionales actúa sin cesar la artillería republicana, disparando a bocajarro. Disparan también los carros de combate soviéticos T-26 B, enviados por Stalin a lo largo de la guerra en grandes cantidades, desde el 15 de octubre de 1936, para apoyar el ataque en oleadas de la infantería republicana.

Interviene la Cruz Roja Internacional pero tan sólo para evacuar a la población civil, ya que los soldados nacionales se deciden a resistir hasta la muerte.

El día 8 de enero, aprovechando la confusión reinante durante la evacuación civil, algunas tropas republicanas, sin respetar las reglas del alto el fuego, entran en los últimos reductos franquistas.

Una fortísima ventisca impide el movimiento de los soldados de Franco que acudían en ayuda de sus compañeros y el 8 de enero cae Teruel en manos republicanas, al rendirse el coronel Rey d´Harcourt y los pocos hombres que aún quedan vivos.

Una vez perdida la ciudad de Teruel, Franco decide emprender una batalla de mucha mayor envergadura, para destrozar al ejército republicano y llegar definitivamente al Mediterráneo.

A los pocos días, el 17 de enero, entran en combate por el norte de Teruel, las tropas italianas de Mussolini y el cuerpo de ejército de Yagüe. Se ocupa Sierra Gorda y el 19 el pueblo de Valdecebro y las posiciones del Mansueto. El día 20 Teruel está cercado, resistiendo dentro algunas tropas populares con "El Campesino" al frente, que logrará retirarse con graves apuros. El día 22 las tropas de Franco entran en las ruinas calcinadas de la ciudad.

Un nuevo cuerpo de ejército, el marroquí de Yagüe, y la Agrupación de Monasterio, en unión del cuerpo de ejército de Aranda, llevan a cabo un ataque concéntrico sobre el entrante formado en la línea nacional desde el río Alfambra a la Sierra Palomera, al norte de Teruel.

enero 1938

Los soldados republicanos han entrado en Teruel y muestran
a los periodistas los carnets de Falange que han encontrado en
el registro del centro local de "Segunda Línea".
El odio entre comunistas y falangistas se ha ido haciendo más
profundo a lo largo de la guerra. Han sido numerosas las
ejecuciones de enemigos políticos en ambos bandos.
Esto ha avivado la venganza. No hay perdón para los
prisioneros. Las heridas de la Guerra Civil han arañado el
alma de los españoles y tardarán muchos años en cicatrizar.

Persiguiendo falangistas

enero 1938

Los republicanos atacan Teruel en diciembre de 1937, con gran
superioridad de hombres sobre los defensores del bando nacional.
Franco suspende la ofensiva sobre Madrid, que ya tenía preparada, y
desvía los cuerpos de ejército de Castilla (general Varela) y de Galicia
(general Aranda) para iniciar la contraofensiva.
El cuartel general de la fuerza aérea alemana, enviada por Hitler en ayuda
de Franco, se traslada desde Almazán hasta Calamocha, a tan sólo 70
kilómetros de Teruel.
Dos días antes de Nochevieja los aviones de la Legión Cóndor comienzan
a lanzar toneladas de bombas sobre las posiciones republicanas.
El 30 de diciembre llegan las tropas de mercenarios marroquíes, al mando
del general Yagüe. El intenso frío de los primeros días de enero paraliza la
contraofensiva franquista. Los 20 grados bajo cero imposibilitan el

Hielo y nieve en la batalla de Teruel

Entre el 5 y 9 de febrero tiene lugar la definitiva batalla del río Alfambra. El general Franco dirige personalmente los movimientos de sus tropas.

Los combatientes al mando del general Dávila rompen las líneas republicanas con un ataque de la caballería, quizá una de las últimas en las guerras del siglo XX.

El 20 de febrero aún resiste "El Campesino" en el interior de Teruel, casi totalmente rodeado por

Aranda. En ese momento Hernández Saravia ordena la evacuación
inmediata de Teruel. Es el final de la batalla y el golpe definitivo al posible
equilibrio de tropas y armamento en ambos ejércitos.
En la batalla de Teruel se estrenaron los famosos "Stukas", los temidos
cazas alemanes de la II Guerra Mundial.

enero - febrero 1938

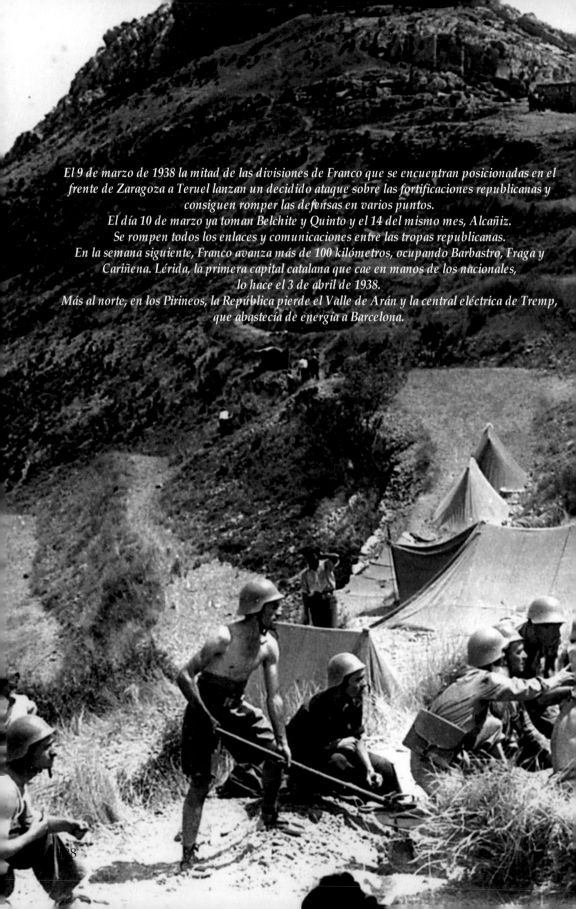

El 9 de marzo de 1938 la mitad de las divisiones de Franco que se encuentran posicionadas en el frente de Zaragoza a Teruel lanzan un decidido ataque sobre las fortificaciones republicanas y consiguen romper las defensas en varios puntos.
El día 10 de marzo ya toman Belchite y Quinto y el 14 del mismo mes, Alcañiz.
Se rompen todos los enlaces y comunicaciones entre las tropas republicanas.
En la semana siguiente, Franco avanza más de 100 kilómetros, ocupando Barbastro, Fraga y Cariñena. Lérida, la primera capital catalana que cae en manos de los nacionales, lo hace el 3 de abril de 1938.
Más al norte, en los Pirineos, la República pierde el Valle de Arán y la central eléctrica de Tremp, que abastecía de energía a Barcelona.

marzo-abril 1938

Roto el frente republicano en Aragón

Aviones alemanes e italianos bombardean Barcelona

Tras la recuperación de Teruel por parte de Franco, éste
decide iniciar una campaña de continuados bombardeos sobre
la ciudad de Barcelona, empleando los aviones entregados por
Hitler y Mussolini.
Desde enero de 1938 hasta la caída de Barcelona, el 26 de
enero de 1939, sus habitantes vivirán doce meses de terror, en
los que verán morir a mujeres y niños indefensos, destrozados
por bombas fascistas que intentan hundir la moral de los
catalanes, para hacer más fácil el ataque final.

enero-marzo 1938

La ofensiva de Franco al norte del Ebro se produce con la
intervención de los cuerpos de ejército de Navarra y de
Aragón, apoyados por el temible cuerpo de ejército
Marroquí, comandado por el general Yagüe.
Por el lado gubernamental, el Ejército republicano del Este,
al mando del General Pozas, cuenta con moderno material,
recién llegado de Rusia, y 200 piezas de artillería.
El 22 de marzo de 1938 unidades del cuerpo de ejército de
Navarra rompen el frente, al norte de Huesca, ciudad que
había estado amenazada por las tropas gubernamentales
desde el comienzo de la guerra.
El general Yagüe y sus soldados marroquíes cruzan el río
Ebro, hacia el norte, y toman Bujaraloz y Fraga.
El día 27 de marzo cae el pequeño pueblo de
Massalcorreig, situado ya en tierras de Cataluña.
En el ejército republicano se producen escenas de
pánico, que no cesan hasta después de algunos
fusilamientos ejemplares.

marzo 1938

193

Barcelona. Bombardeo de los depósitos de Campsa

marzo 1938

Aprovechando que la isla de Mallorca ha quedado del lado franquista desde el primer momento del Alzamiento, numerosos ataques aéreos parten del aeropuerto de Sor Sant Joan, junto a Palma, para descargar las bombas sobre la sufrida ciudad de Barcelona.

En marzo de 1938 Franco decide destruir los depósitos de gasolina de la Ciudad Condal. Son necesarios 37 ataques de los bombarderos alemanes e italianos hasta alcanzar su objetivo.

En la fotografía: Bombardeo sobre los depósitos de Campsa en la carretera de Can Tunis.

Barcelona. Buques hundidos en el puerto

El 16 de marzo de 1938 los aviones italianos y alemanes con base en Mallorca atacan sin piedad distintos lugares de la ciudad de Barcelona.

La primera incursión se realiza al comenzar la noche: diez hidroaviones Heinkel (pilotados por militares alemanes) sobrevuelan la ciudad con su carga mortal, a 130 kilómetros por hora y a 400 metros de altura.

Luego siguen los ataques de bombarderos italianos, del modelo "Savoia", con intervalos de tres horas, que se prolongan hasta las tres de la tarde del día 18 de marzo de 1938, con un total de 17 incursiones.

El terrible balance de este cruel ataque es de mil trescientos muertos y dos mil heridos.

Antes las presiones internacionales del "Comité de No Intervención", Franco llega a comentar a sus allegados que, puestos a tomar alguna medida propagandística para acallar a ingleses y franceses, prefiere mil veces prescindir de la infantería de Mussolini, a la que menosprecia, que de sus hidroaviones y bombarderos Savoia, muy eficaces en la destrucción de objetivos estratégicos y siempre dispuestos a despegar de los aeródromos de Mallorca, isla que los cazas y bombarderos enviados por "Il Duce" desde la Italia fascista, utilizan como un enorme portaviones anclado en el Mediterráneo.

marzo - abril 1938

*Aprovechando el desgaste republicano en la durísima
batalla de Teruel, Franco lanza el 9 de marzo de 1938
una gran ofensiva contra el frente de Aragón.
El ataque se inicia en una línea de 100 kilómetros,
desde Fuendetodos hasta Vivel del Río, en cuyo
centro está Belchite. A pesar de oponer fuerte
resistencia en esta población, los republicanos
son incapaces de detener el avance de las tropas
franquistas.
Pocos días después, se ordena que también
avancen las tropas situadas más al norte,
con lo que se rompe el frente desde los
Pirineos hasta el Ebro.*

*En esta fotografía queda patente la alegría de la 4ª División
Navarra, a las órdenes de Camilo Alonso Vega e integrada
en el Cuerpo de Ejército de Galicia, al llegar a Vinaroz,
llevando hasta el Mediterráneo al ejército de Franco y
separando Cataluña del resto de los territorios
republicanos.
En este grupo de soldados destacan los detalles de las
boinas, que cubren las cabezas de los requetés navarros
(carlistas) y las gaitas que hacen sonar los combatientes de
origen gallego.*

Llegan al Mediterráneo
las tropas de Franco

El día 17 de marzo se han adentrado 100 kilómetros en dirección al mar.
El 15 de abril de 1938 las tropas del general Camilo Alonso Vega toman Vinaroz y Benicarló, en el Mediterráneo, partiendo en dos el territorio republicano.

abril 1938

El 7 de abril de 1938 los tropas del general Aranda ven de
lejos el Mediterráneo, sin llegar a alcanzarlo. Algunos días
después los italianos están a punto de llegar al mar en la
desembocadura del Ebro, pero la tenaz resistencia de los
hombres de Tagüeña les contiene en Tortosa.

El día de Viernes Santo, el general Camilo Alonso Vega, al
mando de la 4ª División Navarra llega a Vinaroz, en el
Mediterráneo, partiendo en dos el territorio de la República.
Las fuerzas de García Valiño se dirigen al norte, aislando a
varios núcleos republicanos en la sierra del Maestrazgo.

El 19 de abril las tropas de Franco ya ocupan 60 kilómetros
de costa mediterránea.

Esta racha de triunfos, tras la recuperación de la ciudad de
Teruel, supone para el ejército franquista una inyección de
moral, que le va a permitir afrontar la batalla del Ebro con el
optimismo y la suerte de los vencedores.

15 abril 1938

La República, partida en dos

Denia, escondidos bajo la montaña

En Denia y otras poblaciones costeras de Valencia y Alicante se horadaron galerías bajo las montañas, para servir de refugio a la población civil, durante los mortíferos bombardeos realizados por los aviones italianos que tenían su base en la isla de Mallorca.

junio 1938

203

Mercenarios marroquíes hacia Castellón

junio 1938

El 13 de junio de 1938 un tabor (compañía) de regulares (moros), a las órdenes del coronel Ben Mizzian, consigue entrar en Castellón por el este. En el interior de la ciudad los combates casa por casa se van a prolongar hasta el 15 de junio, día en el que las tropas franquistas del Cuerpo de Ejército de Galicia superan las líneas de defensa de los republicanos y conquistan definitivamente Castellón.

Estas tropas marroquíes al servicio de Franco intervinieron en prácticamente todas las batallas trascendentales de la Guerra Civil y destacaron por su extrema violencia en la lucha cuerpo a cuerpo y su maestría con las armas blancas.

205

Franco insiste en su ataque a Valencia

Roto el territorio republicano en dos, tras la llegada de los nacionales al Mediterráneo, el general Franco duda entre atacar hacia el norte, para ocupar Cataluña, o hacia el sur, para conquistar Valencia.

Se decide por esta última alternativa, en contra de la opinión de sus generales del Estado Mayor, que son partidarios de atacar rápidamente las defensas catalanas.

Kindelán, Yagüe y Vigón piensan que la victoria sobre Cataluña decidirá finalmente el resultado de la guerra.

Franco ve siempre más allá que sus generales y percibe en Francia un gran temor hacia los fascistas alemanes que han invadido Austria. Si las tropas nacionales, ayudadas por los aviones de la Alemania nazi, invaden Cataluña y llegan a la frontera de los Pirineos, Francia amenza con intervenir militarmente.

Por esto Franco insiste en la necesidad de olvidarse momentáneamente de Cataluña y lanzarse a la ocupación de Valencia.

Franco quiere destruir al ejército republicano en Valencia para así aislar Madrid de cualquier posibilidad de abastecimiento y axfisiar a los madrileños, que se le han resistido desde el asalto frustrado de noviembre del año 1936.

El avance hacia la capital valenciana es muy lento, costando la vida de miles de soldados de ambos bandos. El coronel Matallana, jefe del Estado Mayor del general Miaja, organiza la defensa de Castellón.

El 14 de junio las tropas nacionales del general Aranda toman Castellón y en los meses siguientes avanzan sobre Valencia. La defensa de Nules será uno de los capítulos más sangrientos de la campaña de Levante. Los aviones alemanes de la Legión Cóndor bombardean la ciudad del Turia con resultados mortíferos. El 20 de julio los soldados franquistas están a tan sólo 40 kilómetros de Valencia.

El 25 de julio de 1938, cuando todo está dispuesto para la gran ofensiva sobre Valencia, las tropas de Franco deben detener su avance, pues esa misma madrugada el ejército republicano, con un empuje asombroso, ha cruzado el río Ebro, por Mequinenza y Amposta, estableciendo una cabeza de puente y penetrando posteriormente hasta 40 kilómetros en el territorio ocupado por las tropas de Franco.

julio 1938

207

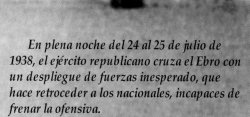

En plena noche del 24 al 25 de julio de 1938, el ejército republicano cruza el Ebro con un despliegue de fuerzas inesperado, que hace retroceder a los nacionales, incapaces de frenar la ofensiva.

Las tropas de Franco tardan una semana en recuperarse y comienza una terrible batalla en el entorno de la pequeña población de Gandesa.

Franco pierde 35.000 hombres a lo largo de la batalla del Ebro. La República sufre 20.000 muertos, 40.000 heridos y 20.000 prisioneros.

Al final quedarán abandonados en el campo de batalla 25.000 fusiles y 1.800 ametralladoras.

Al principio de la batalla del Ebro las Brigadas Internacionales intervienen como fuerzas de choque, situándose en los puestos de más riesgo.

Luego son retiradas por orden del gobierno republicano, asentado en Barcelona, para contentar al "Comité de no Intervención", presidido por Inglaterra.

El general Rojo, al frente de los republicanos, plantea la batalla del Ebro como freno al avance de Franco hacia Valencia.

La idea es hendir el frente nacional del río Ebro en tres sectores: entre Mequinenza y Fayón, entre Fayón y Cherta, sobre Gandesa, y entre Cherta y el mar. Con la primera acción se intenta llegar a Caspe; con la segunda a Alcañiz y Morella; con la tercera a Vinaroz.

El concepto estratégico fundamental es atacar la espalda de las tropas de Franco, que avanzan hacia Valencia, y unir los dos territorios republicanos que han quedado separados cuando Franco llegó al Mediterráneo, tras conquistar Vinaroz.

El frente nacional está defendido por dos Divisiones: la 50 División del coronel Campos Guereta, desde Mequinenza a Cherta, y la 105 del coronel López Bravo, desde Cherta a la desembocadura del Ebro.

Estas dos Divisiones forman parte del Cuerpo de Ejército Marroquí, del general Yagüe, que tiene una tercera División, la 13, dirigida por el general Barrón, en reserva y con algunas unidades destacadas todavía en el sector de Lérida.

La operación del paso del Ebro comienza a las 0,15 horas del día 25 de julio, festividad de Santiago, al año exacto de la finalización de la batalla de Brunete. Cruzan en barcas las tropas republicanas hasta la orilla enemiga, sorprendiendo a las guarniciones nacionales, muy diseminadas por causa de la escasez de efectivos, en un frente de gran extensión.

Tan sólo falla la invasión por Amposta, donde los republicanos tienen que volver a su orilla, tras una respuesta contundente de los defensores franquistas.

Los republicanos cruzan el Ebro

Donde triunfa el ataque es en la cabeza de puente principal, dibujada rápidamente en profundidad con la caída de una serie de pueblos como Ribarroja, Flix, Ascó, Mora, Miravet, Corbera y Pinell, y la llegada a las puertas de Gandesa, centro de comunicaciones de la comarca, de Villalba de los Arcos y Pobla de Masaluca.

Lo más importante no son los pueblos sino la ocupación de sierras y montes, cuyas alturas serán claves en la lucha de los dos siguientes meses: Cavalls, Pandols, Lavall, San Marcos, Fatarella, Gaeta, Puig Caballé...

El paso del Ebro no es una total sorpresa para Franco, pues ya semanas antes Yagüe había comunicado al Alto Mando los movimientos de las tropas republicanas, que presagiaban una operación de gran envergadura.

Franco pierde íntegra la 13ª División, a la que se le había encomendado la defensa de Gandesa. Luego tiene que llevar a ese frente a las Divisiones 4ª de Camilo Alonso Vega, la 82ª de Delgado Serrano, y la 84ª de Galera. Sitúa estas Divisiones en las inmediaciones de Prat de Comte, con la orden de parar a cualquier coste la ofensiva republicana hacia Alcañiz.

El Ebro: la última gran batalla

También se ordena que venga a luchar en el Ebro la 74 División del coronel Arias, que se encuentra en Cáceres, para defender Villalba y Pobla de Masaluca. Mientras tanto, aviones alemanes e italianos destruyen todos los puentes y pasarelas sobre el Ebro, para impedir el cruce del río por parte de las fuerzas republicanas.

También se abren las compuertas de los embalses del río Segre para aumentar el caudal del Ebro y dificultar el paso del río.

Es la batalla del Ebro la peor de toda la guerra para los soldados de ambos bandos, por su monotonía, luz cegadora y calor axfisiante, que provoca numerosos incendios.

Franco liquidó el 25 de julio la cabeza de puente al sur de Cherta. La de Mequinenza el 6 de agosto, aunque quedaba la principal, la de Gandesa. Aquí, en la sierra de Pandols, tendría lugar la batalla más sangrienta, entre la 4ª División nacional y la 11ª republicana, relevada luego por la 35ª.

julio 1938

Del 19 al 22 de agosto opera con éxito el ejército franquista entre Gandesa y Villalba y a partir del 3 de septiembre desde la carretera general de Gandesa a la venta de Camposines y Flix, ocupándose el 4 de septiembre el pueblo de Corbera, tras una resistencia desesperada, que elevó muchísimo el número de muertos.

Franco actúa lenta y contundentemente. Por fin ha conseguido que el grueso del ejército enemigo se concentre en un pequeño territorio, para irlo masacrando poco a poco. Él mismo reconoce que en treinta y cinco kilómetros está concentrado el Ejército Popular, con la 16 División del coronel Zamora, la 27 de Usatorre, la 42 División al mando de Álvarez, la 43 de Beltrán, la 44 de Pastor y la 60 de Ferrándiz.

La lucha a lo largo del mes de septiembre y primeros días de octubre se concentra en tremendas batallas en el cerro de Gironeses, venta de Camposines, barranco de Bremonya

Batalla del Ebro: mueren 20.000 hombres

y la sierra de La Vall de la Torre.
Luego, en la segunda mitad del mes de
octubre, hay una calma relativa, rota por los
dramáticos enfrentamientos del día 30.
Las Divisiones de Franco se habían agrupado
en dos Cuerpos de Ejército: el Marroquí y el
del Maestrazgo, al mando del general García
Valiño.
Franco rompe el día 30 las defensas de la
sierra de Cavalls, desde la que se dominaban
el campo de batalla y el despliegue de las

tropas nacionales. Noventa y una baterías y
numerosos aviones bombardean las
posiciones republicanas, creando un
verdadero infierno para estos defensores que
se esconden, aturdidos, en sus refugios
subterráneos. Nada más terminar el ataque
artillero, los soldados de infantería de la 1ª de
Navarra se lanzan furiosamente al ataque,
consiguiendo capturar a numerosos
enemigos, aún aterrorizados ante la lluvia
interminable de bombas.

julio - noviembre 1938

A partir de esa fecha van cayendo todas las posiciones republicanas: el día 31, el vértice de San Marcos; el 3 de noviembre, Pinell; el 4, Miravet; el 6, Benisanet; el 7, Mora de Ebro; el 14, Fatarella; el 15, Ascó; y el 16 de noviembre, Ribarroja.

Con el final de la batalla del Ebro queda abierta la invasión de Cataluña. Franco espera un mes para tener tiempo de reorganizar sus tropas, dotándolas de nuevos oficiales y suboficiales, que ocuparán el puesto de los caídos en la batalla.

julio-noviembre 1938

El ejército republicano pierde toda esperanza

Los requetés avanzan en Cataluña

Es el primer día del año 1939. Un batallón de infantería de requetés, integrado en el Cuerpo de Ejército de Urgel, descansa en Vilanova de Meiá, una pequeña población al este de Tremp, en la provincia de Lérida, antes de seguir su avance hacia el corazón de Cataluña. Sólo los niños han salido de sus casas para ver a estos soldados navarros que llegan con el ejército vencedor, obligando a los catalanes a replegarse hacia la frontera francesa.

enero 1939

enero 1939

La campaña definitiva de Cataluña empieza el 23 de diciembre de 1938. El 17 de enero de 1939 ya han caído Tarragona y Cervera. El 26 de enero se ha perdido Barcelona y el 9 de febrero las tropas de Franco llegan a la frontera francesa. Las poblaciones de la provincia de Lérida van siendo ocupadas por los nacionales y la Cruz Roja se dispone a evitar el hambre, entregando alimentos a las mujeres, niños y ancianos que, como únicos pobladores, van quedando en las tierras de Cataluña.

Cataluña. Sólo quedan mujeres y niños

15 enero 1939

Las tropas de Franco ocupan Tarragona

La guerra la están ganando los cazas y bombarderos alemanes, enviados por Hitler, y las fuerzas de choque franquistas, compuestas por requetés navarros y temibles mercenarios marroquíes.
Los requetés son herederos del carlismo, la ideología del Dios, Patria y Rey.
Mientras que los marroquíes son de religión musulmana y rezan dirigiéndose a La Meca, los navarros ponen rodilla en tierra para adorar a nuestro Dios del cristianismo.

Franco, el misterioso general gallego que se ha convertido en el Jefe militar y político de la derecha, ha conseguido algo que parecía imposible: que moros y cristianos se unan para luchar contra el ejército popular de la República.
En Tarragona se celebra el 16 de enero de 1939 la misa que refleja la fotografía, la primera en tres años, a la que acuden los soldados vencedores, como parte de sus obligaciones castrenses.

Salamanca. Saben que van a ganar la guerra

enero 1939

En Salamanca el cardenal Isidro Gomá (1) celebra la toma de Tarragona, flanqueado por el
general Millán Astray (2) y Gabriel Arias Salgado (3), encargado de información y propaganda.
A la derecha, con boina, Francisco de Borbón y de la Torre, duque de Sevilla (4).

25 enero 1939

El 25 de enero de 1939, cuando
es inminente la entrada en Barcelona de las
tropas de Franco, compuestas por marroquíes,
fascistas italianos y requetés navarros, se produce
el asalto de los almacenes de víveres, que el primer
ministro Negrín había dispuesto para hacer posible
una larga resistencia de la Ciudad Condal contra el
ataque franquista.
Como los soldados republicanos que vigilaban los
almacenes han huido hacia Francia, la población
civil aprovecha para aprovisionarse de alimentos, en
las pocas horas que la ciudad ha quedado sin
militares, ya que los vencedores ocuparán al día
siguiente las calles de Barcelona.

224

El ejército popular huye de Barcelona

Cae Barcelona sin oponer resistencia

Desfilan los Requetés por el Paseo de Gracia, delante de la magnífica arquitectura modernista de Barcelona, como la "Casa Ametller", del arquitecto Josep Puig i Cadafalch (1) y la "Casa Batlló" del inigualable Antoni Gaudí (2).

El Cuerpo de Ejército de Navarra, al mando del general Solchaga, ha llegado a Barcelona por el oeste, desde Martorell.

El mismo día, el 26 de enero de 1939, los fascistas italianos del Cuerpo de Tropas Voluntarias entran en Barcelona por el norte.

Han partido de Esparraguera.

Por último, los mercenarios del Cuerpo de Ejército Marroquí, mandados por el general Yagüe, llegan por el sur, desde la zona de Villafranca del Penedés.

No tienen que luchar, pues la Ciudad Condal ha quedado vacía de soldados republicanos, que huyen desmoralizados hacia Francia, a través de Gerona, para intentar salvar sus vidas.

1 2

26 enero 1939

Después de la batalla del Ebro, el ejército republicano de Cataluña ha quedado terriblemente dañado. Franco se decide a ocupar el territorio catalán y sitúa 22 divisiones a lo largo de un frente de 120 kilómetros.

En la mañana del 23 de diciembre, tras una intensa preparación artillera y bombardeos en masa sobre el enemigo, cuatro cuerpos de ejército, mandados por Solchaga, García Valiño, Muñoz Grandes y el italiano Gambara, rompen el frente por varios puntos.

El 15 de enero caen Reus y Tarragona. Cunde la desmoralización del ejército rojo, ya que Franco ha avanzado 100 kilómetros en tan sólo veinticuatro días y le ha causado 70.000 bajas. El 16 de enero cae Cervera, importante nudo de comunicaciones.

Las tropas italianas entran en Barcelona

Los legionarios italianos de la División Littorio llegan hasta Igualada.

Se consiguen marchas de 15 kilómetros diarios. Miles de personas huyen hacia el norte de Cataluña, buscando la salvación de la frontera francesa.

El 25 de enero de 1939 los soldados de la 84 división nacional, mandados por el coronel Galera, entran en Manresa. Legionarios italianos y brigadas navarras de requetés cruzan el Llobregat.

Yagüe, al frente de las tropas moras, conquista Sitges.

El 26 de enero de 1939 los Cuerpos de Ejército de Navarra, el Marroquí y la División Littorio de italianos, entran en Barcelona sin encontrar resistencia alguna.

Todos los soldados se han replegado o han huido hacia Francia. Medio millón de civiles también han escapado de Barcelona, temiendo la venganza implacable de los vencedores.

Riadas de refugiados en Le Perthus

Entre enero y febrero de 1939 miles de refugiados españoles llegan a Le Perthus (Francia), huyendo del rápido avance de las tropas de Franco a través de Cataluña, una vez desmoronadas todas las líneas republicanas de defensa.

Miles de españoles escapan a Francia

A finales de enero de 1939 numerosos refugiados civiles catalanes llegan a la frontera francesa, en Mauresque, cerca de Port Vendres.

Al principio, el gobierno francés se niega a admitir a los refugiados pero, viendo la inmensidad de la tragedia que se avecinaba, se fueron abriendo los puestos fronterizos a los españoles. Los primeros contingentes de refugiados pasan a Francia durante la noche del día 27 al 28 de enero.

enero-febrero 1939

En un principio tan sólo se permite la llegada de mujeres y heridos pero, a partir del 5 de febrero, se deja pasar a Francia a 220.000 militares republicanos, que son instalados en severos campos de refugiados, muy parecidos en sus condiciones higiénicas a los campos de concentración nazis dedicados al exterminio de los judíos.

A los pocos meses de esta tragedia comenzará otra de mayores dimensiones: la invasión de Polonia por los alemanes, que será el comienzo de la II Guerra Mundial. Hitler invadirá Francia por las Ardenas y conseguirá llegar a París con una superioridad militar aplastante. Los refugiados españoles vivirán entonces una auténtica pesadilla en la Francia ocupada por los nazis y muchos decidirán volver, prefiriendo afrontar la depuración impuesta por el general Franco.

233

Madrid se entrega sin lucha

Tras la pérdida de
Barcelona, el 26 de enero de
1939, todas las ciudades
republicanas van cayendo en
manos de Franco.
Sin ningún tipo de lucha, el 28 de marzo de 1939 Madrid, que había resistido
heroicamente durante los tres años de la Guerra Civil, deja sus puertas
abiertas a las tropas franquistas.
Los niños acuden a la fuente de la diosa Cibeles para retirar la protección de
arena y ladrillo que habían proyectado los arquitectos de la República.

235

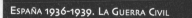

Mussolini recibe a las tropas italianas

En el mes de
junio de 1939,
poco antes del
inicio de la II
Guerra Mundial,
desembarcan en el
puerto de Nápoles los
combatientes italianos que han
participado en la Guerra Civil
española, colaborando con las tropas
del general Franco.

Es el 6 de junio de 1939. Adolf Hitler y el mariscal Goering presiden en la explanada de Lustgarten, en Berlín, el desfile de los militares alemanes, integrados en la Legión Cóndor, que han luchado en la Guerra Civil española, en apoyo a las tropas del general Franco.

Regresan a Berlín las tropas de Hitler

239

La Guerra Civil ha terminado con la victoria absoluta del general Franco, que controla todos los resortes del poder militar y de las estructuras políticas de España.

Miles de hombres, mujeres y niños han muerto durante tres años de dolor y hambre, en los que se ha luchado por cada palmo de terreno.

La industria no existe y el campo está sin cultivar porque los labradores fueron convertidos en soldados. Muchas ciudades, como Irún, Toledo o Teruel, están en ruinas. Comienzan los años duros e ilusionados de la posguerra.

Las islas de Mallorca e Ibiza pasaron a ser los únicos puertos franquistas en el Mediterráneo durante la Guerra Civil.

En el aeropuerto de Mallorca se instalaron los aviones italianos que atacaron repetidamente cualquier tipo de transporte marítimo con destino a Barcelona y Valencia, ya fuese con víveres o con armamento ruso para la República.

Se calcula que a lo largo de la Guerra Civil las fuerzas de la República recibieron 1.500 aviones, sobre todo soviéticos, y Franco fue ayudado por 800 aviones alemanes y 600 italianos, gozando de la ventaja de unos suministros constantes, que no se veían afectados por el bloqueo del Comité de No Intervención, que vetaba las entregas de armamento a la República a través de la frontera francesa.

También desde la base del puerto de Palma de Mallorca actuaron submarinos italianos, que torpedearon a los barcos mercantes rusos, que transportaban armamento, víveres y medicinas a Valencia y Barcelona.

septiembre 1936

Navarra. Los carlistas movilizan 10.000 hombres

Los carlistas, partidarios de que en España reine un monarca que descienda de Carlos María Isidro de Borbón, habían sido una fuerza militar muy importante a lo largo del siglo XIX, en el que batallaron durante tres guerras contra los partidarios liberales de la reina Isabel II y sus sucesores en el trono español.

En el año 1907, al poco de iniciarse el siglo XX, los carlistas comienzan a organizar sus fuerzas militares con el nombre de requetés o *boinas rojas,* inspirándose en la organización militar francesa *Camelots du Roi.*

Aunque en sus comienzos está dirigida a la preparación militar de los jóvenes, ya en los años 1912-1913 traslada su enfoque a todos los varones carlistas, que se integran en una estructura paramilitar, cuyos enemigos son los partidarios de la República y, sobre todo, los revolucionarios anarquistas y comunistas.

En 1931 es proclamada la II República y los carlistas empiezan una concienzuda reorganización de sus fuerzas militares, con vistas a un posible golpe militar, que no será definitivo hasta el 18 de julio de 1936.

Desde 1931 se crean las *decurias,* grupos de diez soldados y un cabo que tenían su origen en los ejércitos del tiempo de los romanos. Eran unidades muy bien entrenadas y siempre dispuestas a movilizarse para defender a la Iglesia y los principios más tradicionales.

En el año 1934 es nombrado secretario político de los carlistas (Partido Tradicionalista) el abogado andaluz Fal Conde, quien será el encargado de negociar con el general Mola, jefe de la conspiración militar contra el gobierno del Frente Popular.

Las milicias carlistas estaban dirigidas por sacerdotes y generales, entre los que se encontraba el general Varela, conocido por los suyos como el *padre Pepe,* quien fue el redactor de los definitivos estatutos.

Tras la victoria del Frente Popular en las elecciones del 16 de febrero de 1936, el general Mola, destinado en Pamplona y director del complot, va preparando todos los detalles para el día del Alzamiento.

Envía a su mujer y a sus hijos a Biarritz, en el país vasco-francés, para ponerlos bajo la protección del financiero judío Juan March, uno de los hombres más ricos de su tiempo y auténtico respaldo financiero del bando nacional en el prólogo y desarrollo de la Guerra Civil.

La noche del 18 al 19 de julio ya hacen guardia en la Comandancia catorce requetés al mando del capitán Manuel Barrera y de González Aguilar. Siguen llegando a Pamplona, a lo largo de la noche y la madrugada, cientos de voluntarios carlistas.

Ya el día 19, en la explanada frente a la estación de autobuses, se preparan los primeros requetés que, una vez repartidos los fusiles que han llegado de Zaragoza, saldrán hacia el frente al mando de García Escámez. Parten gritando: ¡ a Madrid !, por la carretera de Estella, Logroño y Soria.

Aunque Mola había pensado mantener la bandera republicana, para dejar claro que el golpe de Estado era contra el gobierno del Frente Popular y no contra la República como estructura política, desde el primer momento de la Guerra Civil, los requetés y el resto de grupos derechistas ondean la bandera bicolor, roja y gualda, añorando los tiempos de la Monarquía.

En Pamplona un grupo de jóvenes requetés arranca el rótulo del centro de Izquierda Republicana, situado encima del Café Suizo, en la Plaza del Castillo.

Los falangistas sacan su bandera, roja y negra. Los carlistas, sus viejos banderines. El busto de la República lo destrozan contra la acera del café Suizo...

BOCA y DIENTES RAYOS X
Dr CLAVERO

19 de julio de 1936. En Pamplona, miles de voluntarios carlistas se dirigen a los cuarteles para armarse e iniciar la Guerra Civil, contra las fuerzas leales al gobierno constitucional del Frente Popular.

julio 1936

Pamplona. Los requetés comienzan la lucha

El fracaso del Alzamiento en San Sebastián, obliga a Mola y los requetés navarros a dividirse entre los que van a conquistar Guipúzcoa, comenzando por Irún y San Sebastián, y los que intentan llegar hasta Madrid.